中国传统礼仪文化创新发展 研究

施诚刚　黄　杭◎著

吉林出版集团股份有限公司
全国百佳图书出版单位

图书在版编目（CIP）数据

中国传统礼仪文化创新发展研究 / 施诚刚，黄杭著
. 一 长春：吉林出版集团股份有限公司，2024.4
ISBN 978-7-5731-4996-1

Ⅰ．①中… Ⅱ．①施… ②黄… Ⅲ．①礼仪－文化研
究－中国 Ⅳ．①K892.26

中国国家版本馆CIP数据核字(2024)第095232号

ZHONGGUO CHUANTONG LIYI WENHUA CHUANGXIN FAZHAN YANJIU

中国传统礼仪文化创新发展研究

著　　者	施诚刚　黄　杭
责任编辑	张婷婷
装帧设计	朱秋丽
出　　版	吉林出版集团股份有限公司
发　　行	吉林出版集团青少年书刊发行有限公司
地　　址	吉林省长春市福祉大路 5788 号（130118）
电　　话	0431-81629808
印　　刷	北京昌联印刷有限公司
版　　次	2024 年 4 月第 1 版
印　　次	2024 年 4 月第 1 次印刷
开　　本	787 mm×1092 mm　　1/16
印　　张	11.75
字　　数	186千字
书　　号	ISBN 978-7-5731-4996-1
定　　价	76.00元

前　言

随着社会的不断发展和变迁，传统文化在现代社会中的地位越发凸显，其中，中国传统礼仪文化更是一门博大精深的学问。在现代社会的急剧变革中，传承和发扬中国传统礼仪文化以及在其基础上进行创新，成为我们面临的重大挑战。

礼仪文化作为中华文明的瑰宝，凝聚着千百年来人民智慧的结晶。它不仅仅是一种行为规范，更是一种价值观念的传承。通过对礼仪文化进行深入研究，我们能够更好地理解中华民族的根本精神和文化传统。随着社会的发展，传统礼仪文化在某种程度上面临被边缘化的风险，亟须进行创新和发展，以适应当代社会的需要。

本书旨在深入挖掘中国传统礼仪文化的内涵，通过对其进行全面系统的研究，以期为传统文化的传承与创新提供理论与实践支持。笔者将对礼仪文化从起源、演变，到其在当代社会中的角色和意义进行深入的剖析。

在研究过程中，我们将关注中国传统礼仪文化与现代社会的融合，以及在融合过程中如何创新发展。我们深知，礼仪文化的传承并非简单地复制，而是需要根据时代的变迁进行相应的调整和创新。只有在与时俱进的基础上，才能够使传统礼仪文化在当代社会中保持生命力和影响力。

同时，笔者也将关注中国传统礼仪文化在国际交流中的角色。在全球化的今天，文化的交流和互动已经成为不可避免的趋势，中国传统礼仪文化作为中华文明的重要组成部分，应该在国际舞台上发挥更为重要的作用；而对其的深入研究，将为中华文化在国际上的传播和发展提供有力支持。

本书旨在探讨中国传统礼仪文化在当代社会中的创新发展问题，为其传承提供理论与实践支持。通过深入研究，笔者期望能够为传统文化的保护、传承和创新提供新的思路和方法，推动中华文明的瑰宝在当代社会中持续发光、发热。

施诚刚　黄杭

2023 年 12 月

目　录

第一章　礼仪文化概述 ·············· 1

　　第一节　礼仪的概念 ·············· 1

　　第二节　礼仪的功能与社会价值 ·············· 13

　　第三节　礼仪的文化内涵 ·············· 25

第二章　中国传统礼仪的特点及情感色彩 ·············· 34

　　第一节　中国传统礼仪的特点 ·············· 34

　　第二节　中国传统礼仪的情感色彩 ·············· 43

第三章　中国传统礼仪文化的价值认识 ·············· 52

　　第一节　中国传统礼仪文化价值的相关概念 ·············· 52

　　第二节　中国传统礼仪文化的价值及传承发展 ·············· 62

　　第三节　中国传统礼仪文化价值实现的突出问题与成因 ·············· 72

第四章　中国传统礼仪文化与社会主义核心价值观的契合 ··· 83

　　第一节　社会主义核心价值观的概念 ·············· 83

　　第二节　中国传统礼仪文化与社会主义核心价值观的契合 ·············· 93

　　第三节　中国传统礼仪文化与社会主义核心价值观契合的践行 ····· 100

第五章　中国传统礼仪文化建设 ·············· 110

　　第一节　中国传统礼仪文化建设的必要性 ·············· 110

　　第二节　实现中国传统礼仪文化建设的路径 ·············· 120

第六章　中国传统礼仪文化教育教学 ································ 131

　　第一节　传统礼仪文化教育的概念 ························· 131

　　第二节　礼仪教育的基本理论 ···························· 137

　　第三节　中国传统礼仪文化教育资源与价值 ·············· 143

　　第四节　加强大学生传统礼仪文化教育的实施路径 ········· 148

第七章　中国传统礼仪文化创新发展与当代价值实现机制 ····· 154

　　第一节　中国传统礼仪文化的创新发展 ··················· 154

　　第二节　中国传统礼仪文化当代价值的实现机制 ·········· 164

参考文献 ·· 178

第一章　礼仪文化概述

第一节　礼仪的概念

一、礼仪的内涵与特征

礼仪是社会文明的重要体现，其内涵丰富多彩，具有深刻的社会意义。礼仪源于人类对社会规范的追求，体现了文明的发展和秩序的构建，其特征主要包括尊重、谦和、规范、传承等方面。

礼仪的内涵体现在对他人的尊重和关爱上，通过遵循一定的礼仪规范，人们能够在相互交往中保持良好的人际关系。礼仪强调谦和与宽容，通过谨慎言行、避免冲突以促进社会和谐。礼仪还是一种规范，通过一系列行为准则，引导人们形成文明的行为模式，推动社会的文明进步。特征方面，礼仪的尊重体现在对他人权益的尊重上，不侵犯他人的尊严。谦和的特征体现在言行举止谦虚、谨慎、不张扬。礼仪规范是礼仪的重要特征之一，通过明确的规范，人们在各类场合中能够遵循一定的行为准则，提升社交品质。礼仪具有传承性，通过代代相传，使社会的文明传统得以保持与发展。

礼仪的内涵丰富多样，特征明确突出，不仅有助于人际关系的良好发展，也是社会文明的基石，对建设和谐、有序的社会起到了积极的作用。

（一）概念界定

1.社会互动规范

在社会互动的广袤舞台上，礼仪作为一种不可或缺的规范，扮演着维系社会秩序、促进良好关系的重要角色。它并非一成不变的僵化规则，而是一种动态而复杂的社会现象，涵盖着人们在各种场合中的言行举止。礼仪的存在不仅仅是一种形式，更是一种无声的社会契约，是人类为了协同生存而发展起来的一种行为规范。

理解礼仪的本质需要深入挖掘其背后的文化渊源。不同文化背景下的礼仪差异形成了丰富多彩的社会面貌。礼仪不仅仅是一种表面的规矩，更是文明交流的桥梁。通过礼仪，人们得以传递文化、表达尊重，构筑起跨越语言和地域的连廊。这种跨文化的礼仪交流，使人类社会在多元融合中展现出鲜活的生命力。礼仪的重要性体现在其对社会秩序的维护作用上。社会是一个错综复杂的网络，而礼仪是维系这个网络稳定运转的纽带。在各种场合中，人们通过对礼仪规范的遵守，建立起一种相互尊重的秩序。礼仪作为一种规范，使社会成员能够更好地协同合作，减少冲突与摩擦。正是因为人们共同遵循礼仪规范，社会才得以和谐发展，个体与集体之间才能形成一种默契的平衡。此外，礼仪在促进良好人际关系方面扮演着不可或缺的角色。人类是社交性的动物，而礼仪则是社交的基本准则。在人际交往中，通过恰当的礼仪表达，人们能够建立起相互信任、理解与支持的良好关系。礼仪的运用使人际交往更加顺畅，增进了彼此之间的情感联系。在商务、社交等场合，恰到好处的礼仪更是成功沟通的关键，其能使人际关系网络得以扩展与巩固。

礼仪作为社会互动的规范，既有深厚的文化渊源，又在社会秩序的维护和人际关系的促进中发挥着不可替代的作用。它不仅是一种仪式感的体现，更是人类智慧的结晶。在不同的文化环境下，礼仪的形式或许不尽相同，但其核心价值却是普适的。正是因为礼仪的存在，人类社会才得以在协同互动中展现独特的魅力，从而赋予社交活动以深厚的人文内涵。

2. 文化价值体现

文化价值在礼仪中被体现得淋漓尽致。礼仪并非单纯的行为规范，更是一种文化的折射，是社会共识和人际关系的映照。它不仅仅是一种仪式性的动作，更是一种深刻的文化表达，传递着社会群体对美好生活和人际关系的内在追求。

在不同的文化中，礼仪体现出独特而丰富的文化内涵。礼仪是文化的精髓，是人们对道德、美德的共同认同和传承。礼仪蕴藏着人类对尊严、亲情、友情、爱情等核心价值的深刻理解。因此，礼仪不仅仅是一种行为方式，更是文化传统的体现，是人们对生活方式和社会秩序的认同。社会的不同阶层和群体对礼仪有着各自的理解和表达方式。不同的文化和习惯形成了多元的礼仪体系，这既是文化的丰富，也是文化的包容。在这种多元的礼仪体系中，人们展现着对社会规范的遵循，同时也在维系着自身文化的独特性。礼仪通过这样一种微妙的方式，将文化的底蕴和人际关系的和谐巧妙地结合在一起。更深层次地说，礼仪是一种无声的文化语言，通过细微的动作、言辞和仪式，传递着人们对价值观的理解与坚守。比如，不同文化中的拜访习俗、婚礼仪式、丧葬仪式等，都是文化价值在礼仪中得以具体体现的例证。这些礼仪不仅仅是一种传统，更是一种对生命、情感、责任的肯定，是对人类存在意义的追求。在当今多元文化的背景下，礼仪的变革和演变是不可避免的。随着社会的发展和人际关系的多样性，传统礼仪也在不断地融合和创新。这种变革既是对传统文化的尊重，也是对当代生活方式的适应。礼仪在不断演进的过程中，反映了社会对人际交往的新理解和对美好生活的新期许。礼仪的重要性并非因为其外在形式，而在于其背后所蕴含的文化价值。在现代社会，人们往往更加注重形式的外在表现，而忽略了礼仪所传达的深层次内涵。因此，对礼仪的理解应当超越仪式感，更加关注其中所包含的人文关怀和社会责任。只有在深刻理解礼仪文化价值的基础上，才能真正做到在人际交往中体现出对他人的尊重和关爱。

礼仪不仅仅是一种行为规范，更是文化的精髓和社会价值的具体表达。通过礼仪，人们在日常生活中传递着对美好生活和人际关系的共同追求。在多元文化背景下，礼仪的演变和创新是不可避免的，但其深层次的文化价值应当得以保留和传承。只有在理解并尊重礼仪所蕴含文化内涵的基础上，人们才能在人际交往中实现真正的沟通与共融。

（二）行为规范的具体表现

1. 言语表达

在社会交往中，行为规范具体表现在个体的言语表达上。言语作为人际交往的重要媒介，其礼仪性质对建立良好的人际关系至关重要。言语文明是社会成员在交往过程中展现的一种基本素养，它关乎个体对社会规范的尊重程度。在交流中，语言的文明体现在避免使用粗俗、冒犯性的词汇，以及在言辞表达中保持礼貌和谦逊的态度。这种文明的表达方式有助于在社交场合中建立积极的人际关系，展现个体的良好素养。

用词的得体也是言语礼仪的一项重要方面。在交际中，选择合适的词汇能够更准确地传达信息，避免引起误解或冲突。得体的用词不仅表现了个体的语言修养，还反映了其对交谈场合和对话对象的尊重。通过选择恰如其分的词汇，个体能够在交流中展现自己的思考深度和文化修养，同时也能够确保对话的顺畅进行。

语音语调的适度也是言语礼仪的关键要素。在交际过程中，适当的语音语调能够增添言语的生动性，使沟通更加愉悦；过于生硬或夸张的语音语调可能会造成交流的不畅，因此，个体在言语表达时需要注意调整语音语调的强弱和节奏。通过合理运用语音语调，个体能够更好地传达情感和态度，使交流更具亲和力和感染力。

言语表达的礼仪不仅关乎个体的形象，更关乎整个社交环境的和谐与稳定。在言语交流中，文明、得体和适度的表达方式有助于建立良好的人际关系，促进社会成员之间的相互理解和尊重。通过文明的言语表达，个体能够更好地融入社会，形成积极向上的社会形象，进而推动社交关系的良性发展。

2. 仪容仪表

在社会交往中，仪容仪表是个体展现自身形象和个人修养的窗口。衣着整洁、举止得体等细节都是礼仪要求中不可或缺的一部分。就衣着而言，它不仅仅是一种对自身的装饰，更是自己身份和社会地位的象征。整洁的衣着展现了一个人对自己外在形象的重视，同时也表达出一种对他人尊重的态度。衣着的得体与否往往能够在第一时间给人留下深刻印象，成为人们交往时的第一印象。

言谈举止是仪容仪表的另一个重要方面。一个人的举止往往能够反映其个人修养和社会素养。在人际交往中，得体的举止显得尤为重要。比如，与人交往时保持适当的目光交流，不仅表现了自信和真诚，还展现了对对方的尊重。得体的言谈举止不仅仅是一种社交技能，更是一种对他人情感的尊重和体谅。通过注意细节，如不插话、不打断他人发言等，能够营造良好的交往氛围，彰显自身的社交修养。

姿态也是仪容仪表中需要注意的细节。一个人的姿态往往能够反映出其性格和态度。保持端正的坐姿和站姿不仅有益于身体健康，更能够给人一种自信和从容的印象。在公共场合，适当的姿态能够吸引他人的注意，传递出一种积极向上的能量。同时，姿态的得体也意味着对他人的尊重，不会给他人造成困扰或不适。除了外在的仪容仪表，言谈举止的得体还包括对他人的关心和体贴。在人际交往中，关心他人的感受、善于倾听，是个人修养的表现之一。主动关心他人的生活、工作和情感，能够建立良好的人际关系，彰显出一种成熟和负责任的态度。与此同时，善于表达自己的情感和想法，能够让人更好地了解你，也为人际交往增添了更多的乐趣。

综上所述，仪容仪表的得体表现是一个人在社会交往中展现个人修养和社会素养的重要途径。衣着整洁、言行举止得体、关心他人等方面的细节构成了一个完整的仪容仪表形象。注重这些微小而重要的细节，一个人便能够在社交场合中更好地与他人交流，建立起良好的人际关系。因此，对每个个体而言，注重仪容仪表的培养与提升，不仅是对自己形象的关注，还是对社会交往的一种负责任的态度。

3. 社交场合举止

社会中的行为规范在各方面都体现着文明与秩序的重要性，特别是在社交场合，人们的举止和行为受到礼仪的严格规范。礼仪在社会交往中起着调和人际关系、增进互信的作用。在各种社交场合，人们都需要遵循一定的规定，以确保交往的和谐和顺畅。

在宴会礼节方面，人们需要注重自己的仪态和言谈举止。在参加宴会时，穿着得体是至关重要的，不仅体现了对主人的尊重，也展现了个人的修养。得体的着装能够体现出一个人的品位和风格，使整个宴会氛围更加愉快和轻松。除了外在形象的呈现，言谈举止也是宴会礼仪的重要组成部分。在与他人交往时，礼貌谦和的态度是必不可少的。不管是与陌生人还是熟悉的朋友，都应该保持友善的交流，避免言辞激烈或使用冒犯性的言语。在商务交往中，行为规范同样具有重要意义。商务场合通常需要更加正式和专业的态度。人们在商务交往中需要保持良好的沟通技巧。这包括如何恰当表达自己的观点，并聆听他人的意见。有效的沟通能够促进商务关系的建立和发展。专业的外表和仪态同样是商务礼仪中的重要一环。在商务会议或谈判中，穿着得体、举止得当，能够为自己赢得他人的尊重。准时和守约也是商务交往中需要遵循的基本原则，这体现了对对方的尊重，有助于建立互信关系。

社交场合中的行为规范涉及方方面面，从仪态到言谈举止，从宴会礼节到商务交往。这些规范的存在和遵循有助于社会的稳定。通过遵循这些规范，人们能够更好地与他人相处，建立良好的人际关系。礼仪不仅仅是一种行为准则，更是一种文明的象征。在社会发展的进程中，人们应当不断传承和弘扬这些行为规范，以促进社会的和谐与繁荣。

二、礼仪的重要性与作用

礼仪是社会交往中的重要规范，具有深远的作用。礼仪有助于建立良好的人际关系。通过遵循礼仪规范，人们能够在交往中展现出尊重和关爱，增进彼此之间的信任和理解，从而建立和谐友好的关系。

礼仪有助于维护社会秩序。在公共场合，遵循礼仪规范可以减少冲突和摩擦，维持社会的稳定与和谐。礼貌的行为和言辞有助于减少误解和误会，从而避免纷争和矛盾的发生。礼仪还是文化传承的一部分，能够体现一个社会的价值观和道德规范。通过遵循传统礼仪，人们不仅能够传承文化传统，还能够塑造社会的道德风尚，培养良好的公民素质。

礼仪在社会交往中扮演着不可忽视的角色。它不仅有助于建立人际关系、维护社会秩序，还是文化传承的重要载体。通过遵循礼仪规范，我们能够共同创造一个更加和谐、文明的社会环境。

（一）人际关系的维护

1. 增进互信

在纷繁复杂的人类社会中，人际关系的维护成为一个至关重要的议题。而在这个关系的维护中，增进互信显然是一个不可或缺的环节。礼仪行为，作为一种根深蒂固的社会规范，为人际互信感的建立提供了重要的支持。通过细腻而恰当的礼仪行为，个体在社交场合中能够传递一种真挚和可靠的信息，从而铺设起良好的人际关系基础，提高合作的效率和质量。

礼仪的价值在于其能够化解潜在的矛盾，为建立人际关系搭建桥梁。在任何社会群体中，由于个体差异、兴趣冲突等原因，矛盾都是难以避免的。通过适宜的礼仪行为，人们能够在处理矛盾时显露出更高的智慧。礼仪不仅仅是一种表面的应对，更是一种深层次的冲突化解机制。通过遵循共同的礼仪准则，人们能够在相互理解的基础上，化解矛盾，建立起更加紧密的人际关系。互信感的建立离不开真实而有深度的人际交流，而礼仪行为是这种交流的有效媒介。在社交过程中，礼仪的展现使个体能够在不同层次上传递出对他人的尊重和关心。这种尊重并非空洞的形式，而是深深植根于人性的一种情感。通过礼仪，人们能够展现出真实的善意，使对方在交往中感受到一种深层次的信任。互信感的增强不仅仅是一种情感上的共鸣，更是建立在双方对对方真实性的认可上。礼仪行为在人际关系中的作用还表现在其能够提高合作的效率和质量。在各种合作场合中，通过适度的礼仪行为，人们能够建立一种良好的工作氛围。这种氛围充满着相互信任、理解与支持，为合作的开展奠定了坚实的基础。礼仪行为使个体能够更好地与他人协同合作，克服合作中可能出现的困难和障碍。在这种情境下，人们不仅更加愿意分享信息和资源，也更加容易达成共识，从而提升合作的效率和质量。

礼仪行为在人际关系的维护中扮演着至关重要的角色。它通过化解矛盾、建立互信感、提高合作效率等方面的作用，为人际关系的良好发展奠定坚实的基础。礼仪不仅仅是一种外在的仪式感，更是一种内在的价值观。在现代社会中，面对日益复杂的人际关系网络，理解和运用适当的礼仪行为显得尤为重要，它是建立真实而稳固人际关系的关键之一。

2. 化解冲突

人际关系的维护是一项复杂而又至关重要的任务，其中化解冲突是不可或缺的一环。适当的礼仪表达被认为是缓解冲突的有效手段之一，它通过文明的沟通方式化解矛盾，从而促进人际关系的和谐。

冲突在人际关系中时常发生，这是因为人们在观念、利益、情感等方面存在分歧。因此，适当的礼仪表达成为一种默契的共识、一种文明的语言，可以在冲突升级之前将分歧化解。这种礼仪表达不仅仅是一种技巧，更是一种对人性的理解和尊重。

在化解冲突的过程中，适当的礼仪表达可以调和双方情绪，缓解紧张氛围。通过文明的沟通方式，双方能够理性地表达自己的看法和感受，而不至于陷入无休止的争吵中。语气温和、措辞委婉的礼仪表达，能够使双方更容易接受对方的意见，从而打破僵局、达成共识。适当的礼仪表达还能够加强双方的沟通，增进其对彼此的理解。通过表达自己的观点、倾听对方的意见，人们能够更加深入地了解彼此的需求和期望。在这个过程中，礼仪的运用使沟通更加顺畅，双方能够更加有效地传递信息，促使冲突得以理性解决。在化解冲突的同时，适当的礼仪表达也能够建立起彼此之间的信任关系。通过文明的态度和善意的表达，双方能够感受到对方的尊重和信任。这种尊重和信任成为化解冲突的基石，使人际关系在冲突之后更加坚固。礼仪表达并非简单地遵循一套固定的规则，而是需要真实的情感基础。真诚而恰当的表达能够更好地打动对方的内心，使双方更愿意共同解决问题。在化解冲突的过程中，真诚不仅表现在言语上，还包括表情、姿态等非言语因素。这种真诚的表达能够使双方感受到彼此的善意，从而激发解决问题的共同意愿。适当的礼仪表达还有助于双方在冲突中保持理性和冷静。通常在激烈的争吵中，人们很容易情绪失控，导致问题进一步扩大。而礼仪表达则能够让人们在冲突中保持冷静，理性地思考问题出现的根本原因，并寻求合理的解决方案。这种冷静的思考过程有助于双方更好地理解问题的本质，从而制定行之有效的解决方案。

适当的礼仪表达在人际关系的维护中扮演着不可替代的角色。文明的沟通方式、温和的措辞、真诚的表达，有助于缓解冲突，促进人与人之间和谐相处。在冲突的背后，礼仪表达是一种关爱与理解的表现，是人们在人际交往中保持尊严和互相尊重的重要手段。

（二）社会秩序的稳定

1. 规范行为

社会秩序是一个复杂而动态的系统，而规范行为在维护社会秩序中扮演着关键角色。礼仪作为一种行为规范，不仅塑造了个体的行为举止，而且在更大范围内影响着整个社会的运转。礼仪规范了人们的行为。明确的行为准则和道德规范有助于社会有序运转，减少摩擦和冲突，从而维护社会的和谐稳定。

在社会交往中，礼仪的规范作用体现在个体行为的文明和谦逊上。文明的行为意味着个体在与他人互动时能够遵循一定的规范，不采用过于激进的手段。通过文明的行为，个体能够展现出对他人的尊重和关怀，建立积极的社交形象。同时，谦逊的行为也可以使个体能更好地融入社会，不过分强调个人利益，从而降低与他人发生冲突的可能性。礼仪规范还在个体行为中体现为对他人权利的尊重。在社会中，每个人都有自己的空间和权益，而礼仪的规范性行为有助于确保个体在追求自身权益的同时，不侵犯他人的合法权益。通过遵循礼仪规范，个体能够更加理智地表达自己的需求，避免采取过激的手段，从而减少社会中的摩擦和冲突。礼仪规范的力量还表现在对道德的引导上。礼仪所规范的行为往往是基于对道德的敬畏和遵循，它不仅要求个体在行为上遵循一定的规则，还引导其追求心灵深处的清白和正直。通过对道德的引导，礼仪规范了个体的内在行为准则，使社会中的个体更加具备责任感和公民意识。这种内在的规范作用有助于维护社会秩序的稳定，使整个社会更具向心力，形成共同的价值观和行为规范。礼仪规范行为的意义还在于建立社会信任和合作。在一个社会中，个体之间的合作和信任是社会运转的基石。礼仪规范了人们的相互关系，以建立起的信任和尊重作为基础，促使社会成员更愿意进行合作。这种合作精神有助于形成社会共同体，从而减少社会中的矛盾和对立，提升了整体社会的凝聚力。

礼仪通过规范行为，为社会秩序的稳定提供了有力的支持。它在个体行为中体现为文明、谦逊和对他人权利的尊重，通过对道德的引导建立了社会的行为规范。礼仪还通过建立社会信任和合作，推动社会成员形成共同体，减少社会中的摩擦和冲突。因此，礼仪规范行为的实施不仅影响了个体的行为表现，更对整个社会的和谐稳定产生了深远的影响。

2. 文明社会建设

在社会秩序的稳定中，文明社会建设扮演着至关重要的角色，而礼仪则是文明社会建设中不可或缺的重要组成部分。礼仪不仅仅是一种形式，更是一种社会共同遵守的规范，是人们在相互交往中的一种行为准则。

礼仪作为文明社会建设的一部分，具有塑造人们行为习惯和价值观念的作用。礼仪规范是一种文化传承的体现，通过代代相传，人们在日常生活中逐渐形成了一套共同遵循的礼仪准则。这些准则的存在，使社会成员在行为上更趋于规范、有序，避免了一些可能导致冲突或不和谐的行为发生。礼仪的遵守有助于人们形成共同的价值观，促使社会成员在道德层面上形成共识，进而推动整个社会朝着更加文明、和谐的方向发展。礼仪的存在有助于维护社会的稳定。礼仪规范是一种社会约定俗成的行为准则，人们在相互交往中遵守礼仪规范，能够降低冲突的可能性，减少矛盾的发生。礼仪的普及和遵守，使人们在社交过程中更加注重对他人的尊重和理解，从而减少了因为个体行为而引发的社会不安定因素。礼仪的存在为社会提供了一种共同的行为准则，使社会成员在互动中更加谨慎，避免了一些可能引起紧张和矛盾的行为。礼仪的推崇有助于促进社会的发展和进步。礼仪规范在一定程度上反映了一个社会的文明程度和文化水平。礼仪的存在能够促使人们在日常生活中更注重精神文明建设，追求更高层次的道德品质。礼仪规范的普及和遵守，有助于形成良好的社会风气，激发社会成员积极向上的精神状态，推动社会朝着更加文明、进步的方向发展。

礼仪作为文明社会建设的重要组成部分，对社会秩序的稳定起到了不可替代的作用。礼仪规范的存在和遵守，有助于塑造人们的行为习惯和价值观念，维护社会的和谐与稳定，促进社会的发展和进步。礼仪的普及是社会共同价值观的传承，是文明社会建设的重要保障。礼仪的影响力贯穿社会的方方面面，为社会的繁荣与发展提供了坚实的基础。

（三）文化传承与身份认同

1. 文化传统传承

文化传承与身份认同紧密相连，而礼仪作为文化传统的一部分，在这个过程中扮演着不可或缺的角色。通过对礼仪的传承，人们能够深刻感受并传承中华文化的独特魅力，从而形成身份认同的基石。

文化传统是一个社会的灵魂和根基，它包括语言、宗教、习俗等方面的元素。礼仪作为文化传统的重要的组成部分，是人们在社交场合中表现文化特色的方式之一。在不同的文化中，礼仪体现了人们对待他人的态度、对生活的态度及对价值观的认同。通过对礼仪的传承，人们能够将文化的瑰宝传递给后代，使其在社会中保持一种独特而有深度的身份认同。礼仪传承体现了对先辈智慧的尊重。在许多文化中，礼仪往往承载着丰富的哲学思想和道德观念。通过学习和传承这些礼仪，人们不仅是在传递一种外在的行为方式，还是在传承着前人留下的智慧和经验。这种尊重和传承的过程，使文化得以延续，并让每一代人都能够感受到文化传统的深刻内涵。礼仪传承有助于形成文化的独特标识。每个文化都有其独特的礼仪体系，这种体系是文化的象征和标识。通过礼仪的传承，人们能够感受到自己文化的独特魅力，从而形成一种对文化的认同感。这种认同感不仅是对过去的尊重，更是对未来的自信，使个体在社会中有着明确的归属感。礼仪传承还有助于增强人际关系和社会凝聚力。在社交场合中，遵循一定的礼仪规范能够有效地促进人际关系的建立和维护。通过遵循共同的礼仪，人们能够更好地理解和尊重彼此的文化差异，从而在交往中相处得更加融洽。这种共同的礼仪传统也是社会凝聚力的一种体现，使整个社会在多元文化的基础上形成共同的认同感和价值观。

礼仪作为文化传统的一部分，在文化传承与身份认同过程中发挥着不可替代的作用。通过对礼仪的传承，人们能够深刻体验和传递自己文化的独特魅力，形成对文化的认同感。这种认同感不仅是对先辈智慧的尊重，更是对文化传承与创新的自信。同时，礼仪的传承也有助于增强人际关系和社会凝聚力，使整个社会在文化多样性中保持稳定而有序的发展。

2. 身份认同与自我价值

在文化传承与身份认同的交织中，礼仪规范显得尤为重要，它不仅仅是一种社会行为规范，更是一种文化的传承与表达方式。通过遵守礼仪规范，个体能够塑造积极的身份认同，提升自我价值感，从而更好地融入社会的大环境中。

身份认同，作为个体对自我存在的一种认知和接受方式，是个体在社会中找到自己定位的重要一环，而礼仪规范则为形成积极的身份认同提供了一种有力的支持。通过在各种社交场合中遵循礼仪规范，个体能够感受到来自社会的认可和尊重。这种认可并非仅仅是表面的形式，更是一种对个体在社会中地位和价值的肯定。在这种认可的基础上，个体可以建立对自己的积极认同，形成一种稳固的身份认同感。与此同时，礼仪规范也在个体心灵深处激发了对自我价值的认同。在遵循礼仪规范的过程中，个体往往会付出更多的努力去修炼自己，提升自身素质。这种努力不仅仅是为了迎合社会的期望，更是为了实现个体对自我完善的追求。礼仪规范的遵守使个体能够在社交场合中展现出更为优雅和自信的一面，从而提升自己在社会中的竞争力。这种自信和竞争力的提升，直接促使个体对自己的价值产生更为积极的认同。身份认同与自我价值的提升并非孤立存在，而是与文化传承密切相连。礼仪规范作为文化的一部分，通过代代相传，为个体提供了在社会中安身立命的指南。在礼仪传承的过程中，文化的精髓得以传递，个体对自己所属文化的认同感得以强化。这种文化认同感在形成身份认同的同时，也激发了对自己文化的自豪感。个体表面上是在遵循礼仪规范，实际上是在传承和弘扬自己所信仰的文化，从而深化了与文化的关联，形成了更加紧密的身份认同。

从更宏观的角度来看，文化传承与身份认同的交织，构建了一个多元而丰富的社会图景。不同文化背景的个体通过对礼仪规范的遵循，共同构建起一个多元融合的社会结构。在这个结构中，个体不仅保持着对自己文化的认同，同时也能够理解并尊重其他文化的存在。这种多元融合的社会格局，为身份认同的形成提供了更为广阔的空间，使个体能够更加包容和自由地发展自己的身份认同。

综上所述，礼仪规范在文化传承与身份认同的互动中扮演了至关重要的角色。通过遵循礼仪规范，个体在社会中得以更好地融入，形成积极的身份认同，提升自我价值感。礼仪规范的传承不仅仅是对文化的传承，更是对人类社会和谐发展的一种有力支持。在不同文化的碰撞与交融中，礼仪规范的作用显得越来越深远而重要。

第二节　礼仪的功能与社会价值

一、礼仪的社会功能

礼仪在社会中具有重要的功能，它不仅仅是人际交往的基础，更是社会秩序和文明进程的支柱。礼仪有助于维护社会秩序的稳定。通过遵循一定的礼仪规范和行为准则，人们能够在交往中建立相互尊重的关系，减少冲突和摩擦，从而促进社会和谐发展。

礼仪有助于建立良好的人际关系。在各种社交场合，恰当的礼仪都可以传递一种尊重和友好的态度，使人们更容易建立起信任和合作关系。良好的人际关系不仅有助于个体的心理健康，也对整个社会的稳定和发展起着积极的推动作用。礼仪有助于传承文化和弘扬社会价值观。通过代代相传的礼仪规范，人们能够感受到传统文化的魅力，从而更好地继承和发扬优秀的社会价值观念。礼仪作为一种文化的表达方式，有助于保持社会的文明传统，促进文化的多元共融。

综上所述，礼仪在社会中的功能十分重要，不仅有助于维护社会秩序和建立良好的人际关系，还能够传承文化，弘扬正确的社会价值观，为社会的稳定和发展提供坚实的基础。

（一）社交和沟通的桥梁

1. 促进良好关系

作为社交和沟通的桥梁，礼仪在社会中扮演着不可或缺的角色。作为社交的基础，礼仪通过规范的行为举止，以一种和谐的方式促进人际关系的建立和维护，创造出令人愉悦的社交氛围。

礼仪在社交中发挥着引导和规范的作用，使人们在交往中能够更好地理解对方，建立起相互尊重的关系。通过规范的言谈举止，礼仪为人们提供了一种共同的行为准则，使社交活动更具秩序和安全感。在这个过程中，礼仪不仅仅是一种规定，更是一种对社会关系的维护和促进。在社交中，礼仪有助于打破陌生感，促使人际关系快速建立。礼仪为人们搭建了一座沟通的桥梁，让陌生的个体之间能够更加融洽地交流。这种友好的礼仪行为能让人们感受到对方的善意和关怀，从而缓解社交过程中的尴尬和紧张。礼仪在社交中还能够促进情感的沟通。通过得体、和谐的言行举止，人们能够更好地表达自己的情感和态度，使社交过程更加充实和丰富。礼仪的运用使人们在交流中更容易产生共鸣，增进对彼此的理解，从而建立更为深厚的感情。礼仪还有助于解决社交中的潜在矛盾。在人际关系中，不同个体之间可能存在因意见分歧、文化差异等而导致的潜在矛盾。而通过礼仪的运用，人们能够更加理性和成熟地处理这些问题，从而使社交过程中的矛盾得以缓解和解决。礼仪的表达方式通常更加婉转，有助于双方保持理性思考，从而找到解决方案。在社交中，礼仪还有助于营造愉悦的氛围。通过友好、热情的礼仪行为，人们能够感受到积极向上的能量，使社交活动更加轻松和令人愉悦。礼仪的存在让社交不再仅仅是一种形式，更是一种愉悦的体验，为人们带来了美好的社交记忆。在当今多元文化的社会背景下，礼仪也起到了一种文化融合的作用。不同文化和背景的人们通过礼仪的共同规范，能够更好地理解和尊重彼此，促进文化的交流和共生。礼仪在这个过程中不仅仅是一种规范，更是一座连接不同文化的桥梁，促进了文化的多样性和包容性。

礼仪作为社交和沟通的桥梁，通过规范的言谈举止促进了人际关系的建立和维护。它不仅仅是一种规定，更是一种对社会关系的维护和促进。礼仪的运用让社交变得更加有序和愉悦，同时也为不同文化的交流和融合提供了有力的支持。在社交的广阔舞台上，礼仪发挥着引导和规范的重要作用，使人们在交往中更加和谐、互相理解和尊重。

2. 有效沟通

社交和沟通，作为人类社会的重要组成部分，是个体之间交流信息、建立关系的桥梁。礼仪作为规范言语和行为的重要因素，在社交和沟通中扮演着关键的角色，使沟通更加有效，并避免误解和冲突，从而提高信息传递的质量。

在社交中，礼仪规范了个体的言语表达。言语是社交的主要工具之一，而礼仪对言语的规范有助于营造积极的沟通氛围。文明的言辞表达体现了个体的尊重和关怀，使沟通双方更容易建立信任。通过规范的言语，个体能够在社交中塑造积极的形象，从而促进关系的发展。礼仪还规范了个体的行为，使社交过程更加顺畅。在社交场合，行为举止直接影响着人际关系的建立和维护。通过对礼仪的规范，个体能够避免出现过激的行为，从而降低社交中出现误解和冲突的可能性。规范的礼仪行为不仅体现了个体的文明程度，还有助于社交关系的和谐发展。有效沟通不仅在于言辞的规范，还需要注意非言语的交流方式。姿态、表情、眼神等非言语因素都是社交中重要的信息传递渠道。礼仪规范了这些非言语行为，使它们更具亲和力和积极性。通过合适的姿态和表情，个体能够更好地传达自己的情感和态度，从而促进沟通的深入和顺利进行。礼仪对社交和沟通的桥梁作用还体现在规范了人际关系中的互动方式。在社交过程中，互动方式直接影响着人际关系的发展。礼仪规范了个体在互动中的态度和行为，使社交更加有序和愉悦。通过遵循规范的礼仪，个体能够更好地处理社交场合中的各种情境，减少了因互动不当而引发的冲突和误解。礼仪还在社交和沟通中起着调解和化解矛盾的作用。在人际关系中，难免会出现一些矛盾和纷争，而礼仪的规范性行为有助于平和处理这些问题。通过遵循礼仪，个体能够更理性地表达自己的观点，倾听对方的意见，从而有效地化解矛盾，维护社交关系的稳定。

礼仪作为社交和沟通的桥梁，通过规范言语和行为，使沟通更加有效。它在社交中促进了积极沟通氛围的形成，规范了个体的言语表达和言谈举止，降低了发生误解和冲突的概率。同时，礼仪规范了非言语交流方式和人际关系中的互动方式，使社交更加有序和和谐。礼仪还在对矛盾和纷争的处理中发挥了调解和化解的作用，从而提高了社交质量。

（二）社会秩序的维护

1. 规范行为准则

礼仪作为一套规范的行为准则，在社会秩序的维护中扮演着至关重要的角色。礼仪不仅仅是一种形式，更是社会共同遵守的规范，通过规范人们的举止，有助于社会的有序运行和秩序维护。礼仪存在的意义不仅在于规定了人们的行为方式，还在于通过共同认同的行为准则，为社会创造一个和谐、安定的环境。

礼仪规范通过规范人们的举止，有助于社会的有序运行。礼仪作为一种行为准则，具有统一、明确的规范，这有助于指导人们在社交过程中如何表现自己。礼仪规范规定了在不同场合、不同环境中应当采取何种行为方式，使人们在交往中更加谨慎、理性。礼仪的存在使人们在社交过程中能够更好地适应社会的规则，避免了一些可能引起混乱和不安的行为。礼仪通过规范人们的言行，有助于维护社会秩序。礼仪规范要求人们在言行举止上要注重尊重和理解，避免冲突和争执。礼仪规范的遵守使人们在交往中更加注重彼此的感受，减少了因为言语冲突而引发的社会不安定因素。礼仪的存在有助于降低社会矛盾的激化程度，为人们提供了一种和平共处的方式，促进了社会秩序的稳定。礼仪还规范了人们的仪容仪表，这有助于维护社会的整体形象。礼仪要求个体注意在仪容仪表上的细节，如衣着整洁、举止得体，以展现良好的形象和个人修养。这种整体的形象不仅反映了个体的素质和修养，更影响了整个社会的形象。礼仪规范的遵守使社会成员在外部形象的呈现上更加一致，为社会树立了一种文明、优雅的形象。

礼仪作为规范的行为准则，对于社会秩序的维护起到了不可替代的作用。

礼仪通过规范人们的言谈举止和仪容仪表，有助于社会的有序运行和秩序维护。礼仪存在的意义不仅在于规范个体的行为方式，更在于通过共同遵守的行为准则，为整个社会创造一个和谐、安定的环境。礼仪规范的普及和遵守，是社会秩序得以维持的关键之一，为社会的繁荣与发展提供了坚实的基础。

2. 冲突调解

社会秩序的维护是一个复杂而关键的社会问题，而礼仪规则的存在和遵循在这个过程中扮演着至关重要的角色。礼仪规则的有效实施能够降低发生冲突的概率，起到预防和调解冲突的作用，从而有助于维持社会的和谐与稳定。

礼仪规则降低了发生冲突的概率。在社会交往中，人们往往因为文化差异、性格冲突或利益纠纷而产生冲突。而礼仪作为一种行为准则，规范了人们在不同场合的言谈举止，使社交更加有序。通过遵循礼仪规则，人们能够更好地理解和尊重他人，减少由于误解或不当行为而引发的冲突。礼仪规则的存在使社会中的人际交往更加规范和文明，从而有效地降低了发生冲突的概率。礼仪规则在预防和调解冲突方面发挥着积极的作用。在社会中，冲突不可避免地会发生，但通过礼仪规则的制定和遵循，可以在冲突发生之前进行有效的预防。礼仪规则中蕴含着对他人尊重和谦逊的原则，使人们在交往中更加谨慎和理智。当潜在冲突的迹象出现时，人们可以通过礼仪的方式进行沟通，避免冲突的升级。同时，礼仪规则也提供了一种调解冲突的框架，使冲突双方能够在一定的规范下进行沟通与协商，寻求解决方案。礼仪规则的存在为社会提供了一种文明有效的冲突管理方式，有助于保持社会的和谐。礼仪规则有助于形成社会的信任和凝聚力。在一个遵循礼仪规则的社会中，人们更容易建立对他人的信任。通过遵循共同的礼仪规范，人们能够预测彼此的行为，从而减少不确定性和猜疑，促进了社会信任的形成。社会信任是社会秩序维护的基础，它使得人们更愿意合作，并共同维护社会的和谐与稳定。礼仪规则的存在和遵循有助于形成一种文明共识，加强了社会成员之间的凝聚力，从而为社会提供了稳定的基石。

礼仪规则在社会秩序的维护中发挥着重要的作用。通过降低发生人际冲突的概率、预防和调解冲突，以及形成社会信任和凝聚力，礼仪规则有助于维持社会的和谐与稳定。在一个遵循礼仪规则的社会中，人们能够更加理性地处理社交关系，建立起良好的人际关系，为社会创造出一个宜居宜业的环境。

（三）文明社会建设

1. 培养文明习惯

在文明社会的建设过程中，礼仪作为一种重要的力量，对培养良好的行为习惯发挥着关键性作用。它不仅仅是一种形式上的规范，更是一种深刻的社会教化方式，旨在使个体更加注重社会责任和集体利益，从而共同建设一个文明而和谐的社会。

礼仪的核心之一就是培养良好的行为习惯。行为习惯是个体行为的自然反映，它在很大程度上决定了一个人的品德和社会形象。通过遵循礼仪规范，个体能够逐渐形成良好的行为习惯，将社会规范融入日常生活中。这种习惯的培养并非仅仅停留在表层，更是一种潜移默化的力量，潜藏在个体的行为和思维中。良好的行为习惯使礼仪不再是一种临时的行为，而成为个体自身的一部分。通过遵循礼仪规范，个体能够在日常生活中形成一种注重社会责任的意识。礼仪所传递的不仅仅是对他人的尊重，更是对整个社会秩序的关注。在社交场合中，个体通过遵循礼仪规范，展现出对社会规则的尊重和遵守。这种对社会规则的敬畏感渗透到个体的日常行为中，使个体更加自觉地履行自己的社会责任。在这种社会责任的基础上，个体能够为社会的稳定与发展做出更多的贡献。同时，礼仪的培养也有助于使个体更加注重集体利益。在礼仪规范的引导下，个体能够更好地理解集体利益与个人利益的关系。礼仪不仅仅是教导个体如何在社交场合中表现得体，更是引导个体认识到集体的力量和价值。通过遵循礼仪规范，个体能够更加主动地参与到集体活动中，为集体的利益而努力。这种注重集体利益的态度，推动了社会的协调发展，促进了社会整体的繁荣与进步。文明社会的建设不仅仅是一种制度和结构的建设，更是对个体行为和价值观的引导。礼仪通过培养良好的行为习惯，引导个体注重社会责任和集体利益，为文明社会建设提供了有力的支持。这种支持不仅表现在形式上的规范，更深刻影响了个体的思维和行为方式。通过礼仪的教育，个体能够在行为上更加规范，在价值观上更加注重社会整体的利益。

礼仪的作用在文明社会建设中越发凸显。它通过培养良好的行为习惯，引导个体注重社会责任和集体利益，为社会提供了一种积极的文化力量。礼仪不仅仅是一种形式上的规范，更是一种对社会价值观的传承和弘扬。在培养文明习惯的过程中，礼仪不仅仅影响了个体的行为方式，更深刻地改变了个体的思维方式，为文明社会的建设注入了一股清新向上的力量。

2. 文明形象展示

遵循礼仪规范在文明社会建设中扮演着不可或缺的角色，其展示出的文明形象是社会整体形象的重要组成部分。通过遵循礼仪规范，个体、社区、团体及国家得以在人们心目中树立起一种令人愉悦、和谐、文明的形象，从而提升社会整体的文明水平。

在现代社会，个体的文明形象展示是社会文明的基石。遵循礼仪规范，不仅仅表现为言谈举止的得体，更体现在对他人的尊重和关爱上。这种文明形象的展示使个体在社交、工作、学习等方面更具竞争力，也更容易融入社会这个大环境。通过个体的文明表现，社会构建了一种互相尊重、互帮互助的氛围，为文明社会的构建奠定了坚实的基础。

社区在文明社会建设中扮演着至关重要的角色。一个文明的社区是由每个居民的文明行为共同构建而成的。通过遵循礼仪规范，社区能够建立一种和谐共处的氛围。邻里之间的互助、尊重和关爱成为社区的特色，人们在这样的社区中更加愿意为共同利益贡献自己的力量。这种文明社区的形象不仅提高了居民的生活质量，而且为外界树立了一个积极向上的榜样。团体作为社会的一个重要组成部分，其文明形象的展示对于社会整体形象的提升有着深远的影响。无论是企业、学校还是其他组织，都可以通过规范的礼仪行为来展示其文明的一面。在企业中，员工的文明行为不仅提高了企业的内部凝聚力，也为企业在市场竞争中赢得了良好的口碑。在学校中，师生之间的文明相处不仅有助于学习氛围的营造，而且为学校树立了一个正面的形象。团体的文明形象展示既是对自身价值的肯定，也是对外传递正面信息的途径，从而有助于社会整体的文明建设。国家的文明形象直接关系到国家的软实力和国际声誉。通过遵循礼仪规范，国家能够展示其对文明和法治的重视，为世界展现一个稳定、有序、文明的形象。在国与国之间的交往中，文明的国家更容易赢得国际社会的尊重和信任。国家层面的文明形象展示，既是对国家文明程度的一种证明，也是对国际友谊的一种促进。文明形象的展示不仅仅是一种外在的表象，更是对内在价值观的彰显。通过遵循礼仪规范，社会能够建立起一种共同的文明观念，形成社会文明的共识。这种共识有助于社会形成更具凝聚力和向心力的结构，使社会在外部表象和内在价值之间变得统一和和谐。文明形象的展示还有助于建立社会的诚信体系。通过遵循礼仪规范，个体、社区、团体及国家都在展示其对于诚实、守信的承诺。这种诚信体系不仅有助于社会关系的和谐发展，也为经济、政治、文化等各个领域提供了可靠的基础。

在文明社会建设中，遵循礼仪规范不仅仅是一种规范性的要求，更是对社会文明程度的一种反映。通过个体、社区、团体及国家的文明形象的展示，社会不仅能够树立一个积极向上的形象，也能够构建一个和谐、包容的社会氛围。文明形象的展示是社会建设的一个重要环节，也是对社会文明水平的一种真实呈现。

二、礼仪的社会价值

礼仪在社会中具有重要的价值，它是人类文明发展的重要组成部分，有助于维护社会秩序和促进人际关系的良好发展。礼仪有助于建立和谐的人际关系。通过遵循一定的礼仪规范，人们能够在交往中保持互敬互爱的态度，增进相互间的理解和信任，从而形成更加和谐的社会环境。礼仪有助于维护社会秩序。在公共场合和日常生活中遵循礼仪规范，可以减少发生冲突和摩擦的概率，维护社会的稳定和和谐。另外，礼仪有助于传承和发扬社会文化。通过礼仪的传承，人们能够感受到文化的深厚底蕴，从而促使文化传统的传承和发展。礼仪在社会中的价值不仅体现在促进人际关系的和谐上，还体现在维护社会秩序和传承社会文化等方面，是社会文明不可或缺的一部分。

（一）道德品质的体现

1. 尊重与关爱

道德品质体现在个体的行为和处世态度上，而尊重与关爱是礼仪中的核心价值之一，体现了对他人权益和感受的关怀。礼仪作为尊重他人的表现，不仅仅是一种社会规范，更是道德品质的具体体现，有助于个体形成高尚的道德品质。

尊重他人是礼仪的重要内涵之一。在社交和人际关系中，尊重他人是建立良好关系的基础。通过尊重，个体可以表达出对他人的认同和尊敬，使社会成员之间能够更好地协调和合作。尊重不仅体现在言语上，还表现在对他人观点、权益和个人空间的尊重上。通过礼仪规范的尊重，个体能够培养出对多样性的包容心态，增强社会的和谐与稳定。尊重他人的行为背后是对他人权益和感受的关爱。关爱是一种积极的情感态度，它体现了对他人生活、情感和利益的关心和关注。礼仪规范了关爱的表现方式，使个体在与他人交往中能够更加细致入微地关心对方。这种关爱不仅体现在日常的言语交流中，更体现在行为上的体贴和关切上。通过关爱的表现，个体不仅满足了他人的情感需求，也促进了社会成员之间的深度沟通和紧密联系。礼仪中的尊重与关爱还表现为对他人个性的尊重。每个人都是独特的个体，拥有不同的经历、观念和价值观。礼仪通过规范尊重的行为，使个体能够更好地理解和接纳他人的差异，从而营造出更加宽容的社会氛围。这种对他人个性的尊重不仅表明了个体的开放心态，更有助于构建一个充满活力和创造力的社会环境。尊重与关爱的礼仪规范在道德品质的培养中具有深远的影响。通过尊重他人，个体培养了一种谦逊和包容的品格，更具有道德责任感。同时，关爱他人使个体在行为中更注重他人的感受和需求，培养了同理心和善良的品质。这些道德品质不仅体现在日常的社交场合，更贯穿于个体的生活和工作中，为社会的和谐发展提供了积极的力量。尊重与关爱的礼仪规范还在社会中推动了积极的互助和合作。通过尊重他人，个体在社交中能够建立起互信的基础，促进了合作关系的形成。关爱的体现使社会成员更愿意为他人付出，形成了积极向上的社会风气。这种积极的互助和合作有助于社会的健康发展，提高了社会整体的生活质量。

尊重与关爱是礼仪中的核心价值，也是道德品质的具体体现。礼仪规范了对他人的尊重和关爱的行为，培养了个体的谦逊、包容、同理心和善良等道德品质。这些品质不仅在社交和人际关系中起到关键作用，更对社会的和谐与稳定产生了深远的影响。通过尊重与关爱的礼仪规范，个体不仅使自己更加优雅和成熟，也为社会的发展注入了积极向上的力量。

2. 诚信与正直

道德品质的体现在个体行为中是至关重要的，而其中诚信与正直作为具有代表性的道德品质，对于社会诚信体系的建设产生着深远的影响。

诚信与正直在遵循礼仪规范中得到充分体现。礼仪规范作为社会共同遵守的行为准则，要求个体在各种情境下都保持诚实守信、正直宽厚。一个遵循礼仪规范的个体，不仅在言谈举止上表现得体，更在遵从规范的过程中展现了高度的诚信和正直。这种遵循礼仪规范的行为不仅仅是对社会准则的尊重，更是对自身道德品质的坚守。诚信与正直对于社会诚信体系的建设具有积极影响。礼仪规范作为社会道德规范的一部分，其遵循方面体现了个体对社会规则的尊重与信守。当个体在社会交往中展现出高度的诚信与正直时，不仅为自身树立了良好的道德形象，同时也为社会营造了一个积极的道德氛围。这种良好的道德氛围有助于形成社会信任的基础，促进人与人之间的合作与共赢，为社会的和谐稳定打下坚实的基础。诚信与正直的体现还在于其对个体品格的塑造。礼仪规范要求个体在行为上保持真实、诚实，这种品质的培养不仅仅是对自身品格的提升，更是对社会的贡献。一个诚实守信的个体往往能够赢得他人的尊重和信任，建立起良好的人际关系。通过遵循礼仪规范体现出的诚信与正直，个体能够树立起积极向上的形象，为自身的发展创造更多的机会。

诚信与正直在遵循礼仪规范中得到了充分体现，其在社会诚信体系的建设中起到了积极的作用。遵循礼仪规范不仅是对社会准则的尊重，更是对个体道德品质的坚守。通过诚实守信、正直宽厚的行为，个体不仅在社会中树立了良好的道德形象，还为社会的和谐与稳定做出了积极贡献。诚信与正直的体现不仅有助于社会信任的建立，也有助于个体品格的塑造，使社会在道德层面上更加和谐与美好。

（二）文化传承与社区凝聚

1. 文化传统继承

文化传承与社区凝聚紧密相连，而礼仪作为文化传统的重要组成部分，在这个过程中扮演着不可或缺的角色。礼仪的传承，有助于维系文化的延续和传承，同时促进社区成员之间形成凝聚力和共同体意识。

礼仪作为文化传统的一部分，是对先辈智慧的一种尊重和继承。在各种文化中，礼仪往往蕴含着深刻的哲学思想和道德观念。通过对礼仪的传承，社区成员能够学习和理解先人对人际关系、生活态度及价值观的看法。这种对先辈智慧的尊重不仅仅是对过去的致敬，更是对社区文化传统的一种延续。社区成员通过学习和传承礼仪，将文化的瑰宝传递给后代，使文化在社区中得以保持和发展。礼仪传承有助于形成社区的共同体意识。在社区中，共同的文化传统是社区成员之间连接的纽带。通过遵循共同的礼仪规范，社区成员能够形成一种共同的文化认同，从而形成共同体意识。这种共同体意识使社区成员更加团结和互助，共同致力于维护和传承自己的文化。礼仪规范的传承使社区中的个体在学习文化的基础上建立起共同的价值观，形成一种紧密而深厚的群体凝聚力。礼仪传承也在社区中促进了良好的人际关系的形成。在社交场合中，社区成员通过遵循共同的礼仪规范，建立起相互尊重和理解的基础。这种良好的人际关系有助于社区内部的和谐发展。通过礼仪传承，社区成员能够更好地理解和融入社区文化，从而在交往中更加谦逊和包容。这种互相尊重和理解的氛围有助于社区成员之间建立深厚的友谊，为社区的和谐共处提供了坚实的基础。

礼仪作为文化传统的一部分，在文化传承与社区凝聚中发挥着关键性作用。通过对礼仪的传承，社区成员能够继承先辈智慧，形成共同的文化理念，建立起紧密的共同体意识。同时，礼仪的传承也促进了社区内良好人际关系的形成，使社区成员之间更加团结和和谐。在社区中，礼仪的传承不仅仅是文化传统的延续，更是社区凝聚力的源泉，为社区的繁荣和发展提供了坚实的基础。

2.社区凝聚力

在社区的建设中，礼仪规范扮演着不可或缺的角色，通过促进文化传承，为社区内部的凝聚提供了坚实的基础。礼仪规范的遵循有助于在社区中形成文化认同，加强社区成员之间的归属感，从而构建起强大的社区凝聚力。

社区凝聚力体现了社区成员之间紧密联系和相互依存的程度。礼仪规范通过传承和弘扬特定的文化价值观念，为社区成员提供了一个共同的文化框架。这个文化框架不仅仅是一种象征，更是社区成员共同的认同基础。在遵循礼仪规范的过程中，社区成员通过文化认同，建立起一种紧密的联系。这种联系并非仅限于表层，而是更深刻地渗透到个体的思维和行为方式中。礼仪规范有助于社区成员形成文化认同。在礼仪规范的引导下，社区成员通过价值观念、行为规范等方面的认同，形成了一种文化认同。这种认同不仅仅是对传统文化的尊重，更是对社区共同价值的认可。通过文化认同，社区成员之间建立起了一种深厚的情感基础，使社区成为一个更加紧密的群体。这种文化认同不仅在社区内部起到凝聚的作用，同时也为社区成员提供了一种身份认同的依托，增强了他们在社区中的归属感。在社区成员遵循礼仪规范的过程中，社区凝聚力得以强化。礼仪规范不仅仅是一种行为规范，更是一种社区成员之间相互尊重和关爱的表达。在社交场合中，个体通过遵循礼仪规范，展现出对他人的尊重和关心，进而营造出一种和谐的社区氛围。这种和谐的氛围不仅在日常交往中得以体现，还在社区成员面临困境时展现出强大的凝聚力。在困境时，社区成员能够更加团结一致、相互支持，形成一种共同战胜困难的信心和力量。礼仪规范也为社区提供了一种社会秩序的基石。在礼仪的引导下，社区成员形成了一种规范化的行为准则，使社区内部的交往更加有序。这种有序不仅仅体现在形式上，更反映在社区成员之间的相互尊重和理解上。通过遵循礼仪规范，社区成员能够更好地协同合作，减少冲突与摩擦，维护社区内部的和谐秩序。这种和谐秩序不仅仅是一种表面的形式，更是社区成员共同努力的结果，从而增进了社区内部的稳定与发展。

礼仪规范在社区凝聚力的形成过程中发挥着不可替代的作用。通过促进文化传承，形成共同的文化认同，加强社区成员之间的归属感，礼仪规范为社区凝聚力提供了坚实的基础。在现代社会，社区凝聚力的加强对于社会的和谐发展至关重要，而礼仪规范的传承和遵循成为实现这一目标的重要途径。

第三节　礼仪的文化内涵

一、礼仪的历史演进

礼仪的历史演进是人类文明发展的镜鉴，经历了漫长的时光，逐步形成了丰富而多元的体系。起初，礼仪源于人类原始社会的生存需要，表现为简单的礼节和行为规范。随着社会的不断进步，礼仪逐渐演变为复杂的制度体系。

在古代文明中，如中国的礼乐制度、印度的吠陀文化、古埃及的法老礼仪等，都是礼仪历史演进的重要代表。这些文化传统不仅规范了人们的行为举止，还融入了宗教、伦理等方面，成为社会秩序和价值观的体现。古希腊罗马时期的骑士精神和贵族礼仪，在礼仪发展史上影响深远。中世纪的宗教礼仪对欧洲文明也产生深刻影响，而文艺复兴时期的人文主义思潮则重新审视并推动了礼仪的演进。近现代的全球化使不同文化之间的礼仪产生交融与变革，形成了多元化的礼仪观念。

礼仪的历史演进是人类文明进步的历程，从简单的规范到复杂的仪式，不断适应社会变迁与文化交流。这一历史过程反映了人类对秩序、规则和社会价值的不断追求与塑造。

（一）古代礼仪

古代礼仪是人类社会文明的重要组成部分。在古代，各个文明古国都形成了独特而丰富的礼仪体系，这些礼仪不仅仅是一种行为规范，更是文化的表达和社会秩序的体现。通过对古希腊的宴会礼仪和古中国的宗法制度的考察，我们可以深入了解古代礼仪的起源、特点及对社会发展的影响。

古希腊的宴会礼仪是古代文明中独具特色的一种礼仪形式。在古希腊社会，宴会被视为社交的重要场合，而其礼仪制度则被赋予了丰富的文化内涵。在宴会中，参与者要遵循一系列规范，如座次的安排、饮食的礼仪、言谈的技巧等。这些礼仪规范不仅体现了对个体行为的约束，还反映了古希腊文化中对于友谊、人际关系、美德的高度重视。古希腊的宴会礼仪中，座次的安排是一项重要的礼仪规范。座次的高低关系着社会地位和身份尊卑，因此在宴会上，座次的合理安排成为一项重要的礼节。人们通过座次的高低展示自己在社会中的地位和身份，同时也表达对他人的尊重和敬意。这种礼仪规范使宴会成为一个社交仪式，有助于加强社会成员之间的联系。在古希腊的宴会中，饮食的礼仪也是不可忽视的一部分。在用餐的过程中，人们要遵循特定的规范，如如何使用餐具、如何品味美食等。这些礼仪规范不仅体现了个体的修养，更强调了对于食物的尊重和感激。通过饮食的礼仪，人们在宴会中展现了对生活的热爱和对美好的追求，使宴会成为一场文明的盛宴。在古希腊社会，言谈的技巧也被视为宴会礼仪的重要组成部分。人们要在宴会上巧妙地运用辞令，展现自己的才情。通过言谈的技巧，人们能够表达对主人的感激、对同伴的赞美，同时也能够在巧妙的交流中促进友谊的建立。这种言谈的礼仪不仅仅是一种社交技能，更是对语言艺术和沟通技巧的高度要求，为古希腊社会的文明交流搭建了桥梁。古希腊宴会礼仪的特色在于其对文化的充分表现和对人际关系的深刻思考。通过遵循这些礼仪规范，人们不仅在社交中展现了文明的一面，也构建了一种对美好生活和人际关系的理解和追求。古希腊宴会礼仪的传承和发展为后来的社会礼仪体系奠定了基础，对于整个西方文化的塑造产生了深远的影响。古中国的宗法制度是另一种古代礼仪体系的典型代表。在古代中国社会，宗法制度是一种基于家族血缘关系的社会组织形式，而礼仪在这个制度中扮演了重要的角色。宗法制度通过礼仪规范来规范家族成员之间的行为，维系家族的秩序和稳定。

（二）礼仪的演进

礼仪的起源可以追溯至人类社会的早期。在人类社会形成初期，由于人们需要建立有效的社会秩序和相互关系而逐渐形成的一种规范行为。礼仪的演进是一个与人类社会发展紧密相连的历史过程，伴随着文明的进步和社会结构的变化，礼仪逐渐演变为更加复杂而多元化的体系，涵盖了日常生活、宗教仪式、宴会庆典等方面。

人类早期社会的礼仪主要是为了维护社会秩序和安全。在这个阶段，礼仪更多地体现为对权威的尊重和对族群规则的遵守。人们通过特定的仪式来展示对社会结构的尊重，同时也通过礼仪的规范来维护社会的稳定。这种早期的礼仪有助于社会成员之间建立信任、减少冲突，推动社会的协同发展。

随着社会的不断演进，礼仪逐渐从简单的社会规范发展为复杂的文化体系。不同的文化背景和历史传统塑造了各种独特的礼仪体系。在古代文明中，礼仪成为社会生活的重要组成部分，体现在法律、宗教、礼仪等多个层面。这些文明中的礼仪不仅规范了人们的行为，还塑造了他们的思想和道德观念。随着社会的进一步发展，中世纪和文艺复兴时期的欧洲是礼仪演进的重要地点。在中世纪，封建社会的等级制度对礼仪产生了深远的影响，不同阶层的人们在社交、婚姻等方面都需要遵循特定的礼仪规范。在文艺复兴时期的欧洲，人文主义的思想推动了礼仪的进一步发展，人们开始注重个体的素养和文化修养，礼仪不再仅仅是等级制度的象征，更关注人的内在品质和修养。近现代社会的礼仪演进受到工业革命、科技进步和经济全球化等因素的影响。随着社会结构的变革和生活方式的多样化，礼仪逐渐从狭义的社交礼仪扩展到更广泛的社会行为规范。同时，科技的发展也为礼仪的传播提供了新的渠道，虚拟社交平台上的网络礼仪成为人们互动的一部分。全球化使不同文化之间的交流更加频繁，多元文化的融合影响了礼仪的多样性和包容性。当代社会，礼仪已经成为个体社交、职场交往、国际交往等方面的重要准则。在商业领域，商务礼仪规范了商业活动中的行为和交往方式，有助于人们建立信任和合作。在国际交往中，文化差异和国际礼仪的遵循成为促进国际关系发展的关键。在日常生活中，社交礼仪仍然是人际交往的基础，规范了人们的言谈举止。

礼仪的演进是一个与人类社会发展相伴随的历史进程。从早期社会的简单规范到文明古国的繁复仪式，再到中世纪和文艺复兴时期的深刻变革，礼仪逐渐成为文化、宗教、社交等领域的重要组成部分。近现代社会的全球化和科技进步为礼仪的传播与发展提供了新的机遇和挑战。礼仪的多元性和包容性使其在不同文化、不同领域中仍然发挥着重要作用，成为人类社会共同遵循的规范之一。

二、礼仪的文化意义

礼仪承载着丰富的文化内涵，具有深远的文化意义。礼仪是文化传承的载体。不同文化背景中存在着各种独特的礼仪规范，这些规范反映了该文化的价值观、信仰和传统。通过遵循这些礼仪，人们能够传承和弘扬自己文化的精髓，实现文化的传承。

礼仪是文化认同的表达方式。在特定文化中，礼仪不仅仅是一种行为规范，更是一种身份认同的表现。通过遵循特定文化的礼仪，个体能够明确自己的文化身份，加强对共同文化价值的认同感，促进文化认同的形成。礼仪有助于促进不同文化之间的交流与理解。在跨文化交往中，了解并尊重对方的礼仪习惯是促进相互理解的重要途径。通过礼仪的对话，不同文化能够更好地沟通、融合，以促进文化的多元共存。

综上所述，礼仪在文化中具有重要意义，是文化传承、认同表达和跨文化交流的关键元素。通过理解和尊重礼仪，我们能够更好地体验和欣赏丰富多彩的文化世界。

（一）文化认同与身份认同

1.族群身份

在文化认同与身份认同的纷繁复杂关系中，礼仪被视为一种显著的文化表达方式，通过遵循特定的礼仪规范，个体得以表达对自己族群文化的深刻认同。礼仪不仅仅是一种行为规范，更是一种文化身份的象征，是个体对自身所属族群的一种自觉认同的表现。

礼仪规范被视为一种文化的传承和表现方式。通过遵循特定的礼仪规范，个体在社交场合中能够体现对自己族群文化的认同。这种认同并非仅仅停留在表层，更深刻地体现在个体的思维和生活方式中。礼仪规范的遵循成为个体对所属族群的一种自觉体现，是对传统文化的珍视和传承。礼仪规范的遵循不仅仅是一种对族群文化的认同，更是一种对传统价值观念的坚守。在各种社交场合中，礼仪规范成了个体对传统价值观的呈现和继承。这种继承不仅仅是一种形式上的遵循，更是对族群文化深刻理解的体现。通过遵循礼仪规范，个体在社交中展现出对传统文化价值观的尊重，使这些价值观在当代社会中得以传承和发扬光大。礼仪规范在文化认同的表达中扮演的角色，更进一步强化了个体对族群身份的自觉认同。通过在特定场合中的礼仪表现，个体能够明确地表达对自己所属族群文化的自豪感和认同感。这种自豪感和认同感并不仅仅是一种形式上的标志，更是一种内在的情感体验。个体在礼仪规范的遵循中，感受到了自身与族群文化的深厚联系，从而形成了强烈的族群身份认同。在礼仪的引导下，族群身份认同感得以在社会交往中得到强化。礼仪规范作为一种社会行为的规范，使个体在社交场合中能够表达出对自身族群身份的明确认同。这种认同不仅体现在言谈举止上，还深刻地体现在个体对族群文化传统的传承上。通过礼仪规范的遵循，个体将族群身份认同融入自己的日常生活中，使这种认同在社会交往中越发显著。礼仪规范的传承和遵循还有助于形成族群之间的文化认同共鸣。在特定的礼仪规范下，不同族群的个体能够通过共同的文化表达方式，建立一种深层次的文化认同。这种认同不仅仅是表面的相似，更是一种深刻的文化情感共鸣。通过在社交场合中遵循共同的礼仪规范，个体能够感受到来自其他族群成员的认同与理解，加强了族群之间的文化认同。

礼仪规范在文化认同与身份认同的交织中发挥着重要的作用。通过遵循特定的礼仪规范，个体能够表达对自己族群文化的深刻认同，强化对传统价值观的坚守，形成强烈的族群身份认同。礼仪规范的传承和遵循促进了族群之间的文化认同，为社会交往提供了扎实的文化基础。在当代社会，族群身份认同的表达通过礼仪规范成为一种重要的文化传承方式，对社会的多元文化共存和和谐发展产生着积极而深远的影响。

2. 个体身份

文化认同与身份认同是复杂而密切相关的两个概念，而遵守礼仪规范则是两者之间不可忽视的连接点。在社会交往中，个体通过参与和遵循礼仪，不仅能够体现自己对文化的认同，还能够在社会中找到自己的身份，形成独特的个体身份认同。

礼仪规范是文化认同的一种表达方式。文化认同是个体对其所属文化的认同感和归属感。通过遵守礼仪规范，个体能够在社会交往中展现出对特定文化的尊重和认同。每种文化都有其独特的礼仪体系，而遵守这些礼仪规范成为个体表达自己文化认同的方式之一。在不同的文化背景下，个体通过参与和遵循相应的礼仪，表达对自己文化身份的认同，加强了文化共同体的凝聚力。遵守礼仪规范有助于个体在社会中找到自己的身份。个体身份认同是对自己在社会中地位和角色的确认与接受。通过参与社会交往中的礼仪活动，个体逐渐找到自己在社会结构中的位置。在家庭中遵循长幼尊卑礼仪规范的个体，不仅表达了对家族传统的尊重，同时也确认了自己在家庭中的地位。这种身份认同不仅体现在个体在社交场合的表现上，也在家庭、团体等社会单元中得到了深化和巩固。个体通过遵守礼仪规范，塑造了自己在社交场合中的形象，进而形成了独特的个体身份认同。礼仪规范要求个体在社交过程中表现出尊重、谦虚、善良等品质。通过这些表现，个体在他人心目中建立起一种积极正面的形象，从而加深了他人对自己的认同感。这种通过礼仪规范塑造的个体形象，也成为个体身份认同的一部分，为其在社交场合中的交往提供了有利条件。值得注意的是，个体身份认同与文化认同是相互交织的，二者在遵守礼仪规范的过程中形成了一种有机的关系。个体在社交过程中通过遵守礼仪，既展现了对文化的认同，又在社会中找到了自己的身份。这种双重认同不仅是社会交往中个体行为的表达，还是对个体所处社会环境的适应和接受。个体身份认同并非一成不变。随着社会的发展和个体经历的变迁，身份认同可能会发生变化。而礼仪规范在这一过程中发挥了引导和稳定的作用。在新的社会环境中，个体可以通过学习和遵循新的礼仪规范，逐渐融入新的社会结构，形成新的身份认同。礼仪规范的灵活性为个体在不同文化和社会背景中找到适应点提供了可能。

遵守礼仪规范是个体身份认同和文化认同的有机交融的过程。通过参与和遵循礼仪，个体既能够表达对特定文化的认同，又能够在社交场合中找到自己的身份。礼仪规范为个体在社会交往中建立积极形象、确认身份地位提供了有力的支持。在多元文化社会中，个体通过遵守礼仪规范，既能够保持对自己文化的忠诚，又能够在交往中形成更加丰富和复杂的身份认同。

（二）文化传承的载体

1. 口传心授

文化传承的载体多种多样，其中口传心授作为一种重要的传承方式，承载着丰富的传统礼仪，成为文化的具体体现。这种方式不局限于书面规定，更注重经验的传承和情感的交流，通过言传身教的方式，将文化内涵代代相传。口传心授在传统礼仪传承中发挥着关键作用，不仅保留了文化的根本特征，更使其文化在不断变迁中得以传承和发展。

口传心授作为文化传承的载体，最大的特点在于其具有直接性和亲身性。相较于书面规定，口传心授更强调师徒关系、家族传承，通过亲身体验和言传身教的方式，将文化内涵传达给后代。这种直接的传承方式使文化更具生命力，更容易融入个体的生活体验中，从而更为深入人心、持久传承。在口传心授的传承方式中，师傅与学徒的关系起着至关重要的作用。师傅不仅是传统礼仪的传承者，还是文化导师和生活的引导者。通过与师傅的直接交流，学徒能够深刻领会传统礼仪的真谛，体验其中的精神内涵。师傅通过言传身教，传授技艺、经验和智慧，使学徒能够更好地理解并传承文化的精髓。这种师徒关系不仅仅是知识的传递，更是一种心灵的沟通。通过师傅的言传身教，学徒能够感受到师傅对传统文化的深厚热爱和对学徒的悉心关怀。这种情感的交流超越了书面规定的干涩文字，使文化的传承更富有温度和人情味。师傅与学徒之间的亲密关系使传统礼仪在传承过程中更具人情味，更容易引发学徒的理解和共鸣。家族传承也是口传心授的重要形式。在家族中，长辈通过与晚辈的交流，将家族的文化传统代代相传。这种传承方式强调的是家族文化的延续，通过家族成员之间的亲情纽带，将传统礼仪融入家庭生活中。

在这种情境下，学习者能够更直接地感受到家族文化的传承是一种家族责任和文化遗产的传承。

家族传承通过长辈的生活教导，使文化得以在亲情中生长、在日常生活中扎根。通过家族传承，学习者能够更自然地融入传统礼仪的氛围中，体验到文化在家庭生活中的实际运用。这种亲身体验的传承方式，使文化不再是一种抽象的规定，而是融入了家庭生活，贴近了人们的实际需求和情感体验。

口传心授强调的不仅是知识的传递，更是价值观和人生哲学的传承。通过分享亲身经验，师傅和长辈们能够传达给学习者关于人生、人情、人道的深层理解。这种传承方式更注重的是人的全面发展和道德品质的持续培养，使学习者在学习传统礼仪的过程中能够得到更为全面的教育。同时，口传心授在文化传承中起到了动态的调适作用。随着社会的不断变迁和发展，传统礼仪也需要不断地适应新的社会环境和价值观。口传心授使传统礼仪能够在实践中灵活调整，吸收新的元素，以更好地适应当代社会的需求。这种动态的传承方式有助于保持传统文化的活力。

在现代社会，尽管科技的发展和社会变迁给传统礼仪的传承带来了一定的挑战，但口传心授仍然是传承文化的一种不可替代的形式。通过言传身教，传统礼仪得以更为生动、贴近人心地传递给后代。口传心授不仅弘扬了文化的根本特征，还使文化在变革中得以保留和发展，成为连接过去与现在、融合传统与现代的文化桥梁。这种传承方式不仅是对过去的致敬，还是对未来的贡献，为后代传递着丰富的文化内涵和生活智慧。

2. 文学艺术表达

文学艺术作为文化传承的重要载体，通过其独特的表达方式，常常在文学、戏曲、音乐等艺术形式中描绘和表达礼仪，从而传达文化的审美价值和情感表达。这种表达不仅是对传统礼仪的呈现，还是对文化传承的生动诠释，为人们打开了一扇深入了解文化内涵的窗口。

文学艺术通过对礼仪的描绘，传达了丰富的文化审美价值。文学作品中常常通过对人物言谈举止的描写，展现出不同社会背景下的礼仪规范。古典小说描绘了古代贵族社会中的烦琐礼仪，如拜见尊长、结交朋友等。这些描绘不仅是对历史文化的还原，更是对古代礼仪的艺术呈现。戏曲、音乐等艺术形式也通过对传统礼仪的表演，将文化的审美价值传达给观众，使人们在欣赏的过程中感受文化的深厚底蕴。文学艺术通过对礼仪的表达，传递了情感的深刻体验。文学作品中对礼仪的描绘往往伴随着人物的内心情感，通过对礼仪场景的描写，表达了人物的喜怒哀乐、爱憎情仇。在小说中，一场庄重的婚礼、一次庄严的祭祖，体现出的不仅仅是礼仪，更是人物内心情感。这种情感的传递使文学作品更具深度和感染力，读者在阅读的过程中能够更加深刻地理解和体验文化传承中所蕴含的情感内涵。文学艺术在对礼仪的描绘中还常常呈现文化传承的延续与发展。通过对不同历史时期、不同社会阶层礼仪的描绘，文学艺术展现了礼仪的变迁和演变。这种变迁不仅是文化的发展历程，也是对社会制度、人际关系、道德观念等方面的反映。通过文学艺术的表达，人们能够在不同历史时期的礼仪中看到文化的传承与发展，感受到历史的变迁对礼仪传承的影响，从而更好地理解文化传承的脉络和内涵。

文学艺术作为文化传承的载体，在对礼仪的描绘和表达中扮演着重要的角色。通过对礼仪的审美描绘，文学艺术传达了文化的价值观念；通过对礼仪的情感表达，文学艺术传递了人物内心的深刻体验；通过对礼仪的历史描绘，文学艺术展现了文化传承的延续与发展。文学艺术以其独特的方式丰富着文化传承的表达形式，为人们提供了更深入、更丰富的文化体验。

第二章 中国传统礼仪的特点及情感色彩

第一节 中国传统礼仪的特点

一、中国传统礼仪的仪式性

中国传统礼仪以其强烈的仪式性在社会生活中发挥着重要作用。这种仪式性体现在各类仪式、典礼和礼仪规范中，具有深厚的历史渊源和文化内涵。中国传统礼仪的仪式性在家庭生活中表现得尤为明显。婚礼、丧礼等重大家庭事件都需要遵循一系列精确而繁复的礼仪程序，通过仪式性的表达方式强调家庭成员之间的尊重和责任。

社会层面的仪式性体现在宴会、庙会、祭祖等活动中。这些仪式性的活动不仅展示了社会秩序和规范，也体现了对祖先的尊崇和感恩之情。仪式性的规范和程序赋予了这些活动深厚的文化内涵，加强了社会成员之间的凝聚力和认同感。

中国传统礼仪的仪式性不仅仅是一种行为规范，更是对文化传统、家庭价值和社会秩序的具体体现。通过仪式性的表达，人们在传统礼仪中找到了身份认同感和情感共鸣，使这些礼仪规范在社会中得以传承和发展。

（一）庄重而繁复的程序

1. 祭祖仪式

祭祖仪式是中国传统礼仪的重要组成部分，其庄重而繁复的程序体现了人们对神灵和祖先的深切尊崇。这些祭祖活动不仅仅是一种文化传统的延续，更是对信仰和敬畏的具体表达。通过庄严的仪式和复杂的程序，人们向祖先表达崇敬之情，使祭祖成为一种凝聚信仰、传承文化的重要仪式。

在祭祖活动中，人们通过一系列繁复的程序来表达对祖先的敬仰和思念。通过这些庄重的仪式，人们展示了对祖先的尊崇之情，弘扬了对家族血脉的敬畏之心。这种庄重的仪式不仅仅是对祖先的一种致敬，更是对家族文化传承的一种承诺。

2. 婚礼仪式

婚礼仪式在中国传统礼仪中占据着极其重要的地位，其庄重而繁复的程序体现了人们对婚姻的高度尊重及对新生家庭的美好祝福。婚礼不仅仅是两个个体的联姻，更是家族传承和社会文化的传递，通过其独特的仪式，体现了对婚姻价值的深刻认知和对未来生活的祝愿。

婚礼的庄重程序首先反映了对婚姻这一重要社会制度的尊重。婚姻被认为是人生的一件大事，不仅仅是两个个体的结合，更是两个家庭的融合。因此，婚礼的庄重程序从某种程度上体现了对婚姻这一社会制度的认可和尊崇。婚礼仪式的正式展开象征着对婚姻的正式承认，而一系列繁复而规范的程序则强调了婚姻的庄严性，使这一仪式成为社会认可和见证的象征。在婚礼仪式中，庄重的程序也体现了对新生家庭的美好祝福。婚礼不仅象征着两个个体的结合，更代表着一家人的建立。通过一系列庄重而繁复的仪式，婚礼表达了对新家庭未来生活的美好期许。从迎亲、交换礼物到主婚仪式，每个环节都象征着家庭和谐、幸福的祈愿。庄重的仪式不仅拉近了新人之间的感情，更为新家庭的成立奠定了坚实的基础。婚礼庄重的程序还反映了对传统文化的珍视和传承。从古代婚礼中烦琐的礼仪程序到现代婚礼的各种细致安排，都体现了对传统文化的敬畏和传承。婚礼的仪式性不仅在形式上表现出对历史文化的敬意，还在过程中体现着对传统家庭价值的继承。婚礼的庄重程序还强调了家族的连续性和延续性。庄重的婚礼程序中，涉及亲友的参与、祖先的祈福等环节，强调了家族传承的重要性。对家族延续性的强调不仅在婚礼仪式上有所表现，还体现在新婚夫妇之后对家族责任的承担上。婚礼的庄重程序通过强调家族的延续性，为新生家庭奠定了牢固的基础。

婚礼作为中国传统礼仪的重要组成部分，其庄重而繁复的程序体现了人们对婚姻的尊重和对新生家庭的美好祝福。这些程序不仅仅是对社会制度的尊重，更是对未来生活的祝愿。婚礼仪式的庄重性不仅仅是一种形式上的体现，更深刻地反映了对传统文化的珍视、对家庭价值的认同及对未来家庭的美好期许。

（二）注重场合和时间

1. 宴会礼仪

宴会礼仪是中年传统文化的一项重要体现，它强调人们在社交场合中根据场合和地位使用不同的礼节，体现了尊重、谦和、和谐的价值观念。这种注重场合和时间的宴会礼仪，不仅仅是一种社交方式，更是文化传统的传承和展示。

在宴会礼仪中，中华传统文化要求人们根据场合和地位使用不同的礼节，这体现了中国文化对社交行为的细致规范。宴请宾客时的敬酒顺序是一个典型的例子。在中华传统文化中，敬酒是一种表达敬意和尊重的方式。在宴会上，人们需要根据宾客的身份和地位，精准地确定敬酒的顺序。通常情况下，主人会首先敬给地位最高的宾客，然后按照宾客的地位高低逐渐进行，以此表达对宾客的尊敬和重视。这种敬酒的顺序不仅是对宾客地位的尊重，也是对宴会氛围的烘托。宴会礼仪还强调了对场合和时间的合理运用。在中国传统文化中，每个节令、场合都有相应的礼仪规范。比如，在春节这个传统的家庭聚会中，人们通常会进行一些固定的礼仪活动，如拜年、走亲访友等。这些礼仪活动不仅体现了对节令的尊重，也表达了对亲友的祝福和问候。同时，宴会礼仪中的时间安排也需要精心考虑。在宴会的不同阶段，人们需要进行不同形式的交流和互动，使整个宴会过程更加和谐有序。宴会礼仪的注重场合和时间体现了中华传统文化中对社交行为的一种崇高追求，即在社交过程中展现出尊重和谐的美德。这种文化传统不仅在日常生活中得以体现，也在正式场合如婚礼、寿宴等过程中更加凸显。在婚礼中，宾客的座次、新郎新娘的行为，都需要遵循严格的礼仪规范。在寿宴上，主人需要根据宾客的年龄和身份，精心安排敬酒和致辞的顺序，以示对长者的尊敬和对晚辈的祝福。这种注重场合和时间的宴会礼仪，使社交过程不仅仅是一种交流，更是一场文化的展示和传承。宴会礼仪中的这种注重场合和时间的传统，还体现了中华传统文化对人际关系的重视。在宴会中，人们通过合适的礼仪行为表达对他人的尊重和关爱，强化了人际关系的紧密度。尤其是在商务宴请中，宴会礼仪的合理运用成了一种重要的商务交际技巧。通过在宴会上恰当地运用礼仪规范，人们能够更好地展现自己的修养，增强与他人的合作信任，从而为商务关系的建立提供了有力支持。

在现代社会中，宴会礼仪的注重场合和时间依然保持着重要性。尽管社交方式和形式在变化，但中华传统文化对社交行为的细致规范仍然对个体行为和社会和谐产生了深远影响。在社会多元化的背景下，宴会礼仪也逐渐融入不同文化的交流中，形成了一种包容性的社交方式。因此，宴会礼仪作为一种注重场合和时间的社交文化，不仅在传统文化中具有深厚的内涵，也在当代社会中不断演绎新的内涵，为人际关系的构建和社会的和谐发展贡献独特的价值。

2. 节庆仪式

注重场合和时间的礼仪在节庆仪式中得到了充分的体现，不同的节日具有各自独特的庆祝方式和礼仪规范，通过这些仪式来传承、弘扬传统文化。在节庆时的礼仪中，场合和时间的选择成为关键因素，它不仅赋予了仪式以特殊的含义，还在人们心中留下深刻的印象，加深了对传统文化的认识和传承。

注重场合和时间的礼仪在节庆仪式中通过仪式的举办地点赋予了庆祝活动特殊的文化内涵。不同的节日往往选择在与其主题相关的地点进行庆祝，这不仅使庆祝活动更贴近人们的生活，也使场地本身成为一种文化符号。春节庆祝仪式常常在家中举行，凸显了家庭团聚的重要性；端午节可能在江、河、湖、海等水域进行龙舟赛，强调了这一节日与水相关的传统。通过精心选择场地，使庆祝活动融入自然和社会环境之中，更有助于传统文化在庆祝中的展现。注重场合和时间的礼仪在节庆仪式中通过仪式的时间选择传递出不同的文化寓意。不同的节日往往在一个特定的时间点举行，这与历史、宗教、自然等多方面的因素有关。春节是农历新年的开始，象征着新的开始和希望；元宵节在农历正月十五，代表着圆满和团聚。通过在特定的时间举办仪式，人们能够更深刻地感受到节日所蕴含的文化内涵，同时也使庆祝活动更加具有仪式感和庄重感。在节庆仪式中，注重场合和时间的礼仪通过庆祝活动的精心策划，使庆祝过程具有一定的仪式感。这不仅表现在场地和时间的选择上，还体现在节庆仪式的具体举办方式和流程上。在春节期间，人们通过贴对联、拜年、吃团圆饭等一系列传统仪式来迎接新年的到来。这些仪式不仅有助于弘扬传统文化，还使庆祝活动具有深度和仪式感。注重礼仪的庆祝活动，既是对传统文化的尊重，也是对历史传承的一种延续。注重场合和时间的礼仪在节庆仪式中还能够体现文化的多样性。不同的地域、民族和宗教往往会在同一节日中展现出独特的庆祝方式和仪式规范。春节在中国各地的庆祝方式可能存在差异，南北方在过年的习俗、风味和表演方面都有所不同。而在国际上，不同国家和地区庆祝同一节日的方式也会有所差异，体现了各个文化的丰富多样性。通过在节庆仪式中注重礼仪的选择，人们能够更好地体验到文化差异带来的乐趣，增进其对多元文化的了解和尊重。注重场合和时间的礼仪在节庆仪式中通过仪式的组织者和参与者的角色分工，形成了一种社会协同的力量。在庆祝活动中，组织者往往扮演着主导的角色，负责规划和组织庆祝活动的方方面面。而参与者则通过服从一定的礼仪规范，共同组织庆祝活动，共同营造出一个和谐的庆祝氛围。通过这种社会协同的方式，庆祝活动更容易实现其文化传承和社会团结的目标。

注重场合和时间的礼仪在节庆仪式中起到了至关重要的作用。通过对场地和时间的精心选择，庆祝活动得以融入文化和传统之中，从而传递出丰富的文化内涵。注重礼仪的庆祝活动通过精心策划的仪式感，使人们在庆祝中感受到深厚的文化底蕴。这种庆祝方式既是对传统文化的尊重和传承，也是对社会协同和文化多样性的体现。通过场合和时间的精心选择，注重礼仪的节庆仪式不仅仅为人们带来了欢乐，更为传统文化的传承注入了新的活力。

二、中国传统礼仪的情感传达

中国传统礼仪蕴含着丰富的情感色彩，反映了人们对生活、人际关系和社会的深刻感悟。尊重长辈是中华传统礼仪的核心之一，表达了对长辈的敬仰和关爱。这体现了家族情感的延续和强化，营造了温馨和睦的家庭氛围。婚礼仪式强调团结和美好，旨在传递新人对婚姻的真挚感情。礼仪中的每个环节都承载着深厚的感情，为新婚夫妇带来祝福与期许。此外，祭祖活动也彰显了对祖先的敬仰和对历史传统的珍视，表达了对家族和文化传承的深切情感。中华传统礼仪通过仪式和习俗的形式，传递着丰富的情感内涵，弘扬着尊重、关爱和传统文化的价值观，为社会注入了浓厚的情感色彩。

（一）敬畏和尊敬

1. 对祖先的敬畏

在中华传统礼仪中，祭祖仪式体现了人们的深刻敬畏，通过庄重而古老的仪式传达崇敬之情。这种敬畏和崇敬不仅仅是一种形式上的表达，更是源自对自然力量、祖先精神的敬畏与崇敬。

在祭祖仪式中，人们通过祭拜自然、敬畏山川，表达对自然力量的崇敬。不仅仅是对自然深怀敬畏之心，更是对自然力量的感激和敬仰，认为自然力量是神圣而不可侵犯的存在。在祭祖仪式中，人们通过祭拜祖先牌位、献上祭品，表达了对祖先的尊敬和怀念之情。这种祖先崇拜不仅仅是对逝者的思念，更是对祖先精神的传承和崇敬。通过祭祖仪式，人们表达了对祖先先贤智慧的敬仰，强调了对祖先传统的继承。

2. 对长辈的尊敬

尊敬长辈在礼仪中不仅仅是一种形式上的行为，更是一种深深植根于文化传统和道德观念的情感表达。这种尊敬既表现为一种社交规范，又是对前辈智慧和经验的真诚崇敬。在各个文化中，对长辈的尊敬都是社会和谐、家庭稳定的基石，体现了对传统价值观的信仰和对智慧传承的敬畏。

在礼仪中，对长辈的尊敬体现为一系列精心设计的行为规范，如起身行礼、称呼尊长的用语等。这些规范既是对社会等级关系的一种维护，也是对长辈地位的尊重。在中华传统文化中，称呼的长幼有序、起身行礼等都是对长辈尊重的一种体现。这种形式上的尊敬不仅仅是一种外在的规范，更是一种文化认同和家族传统的传承。在尊敬长辈的行为中，透露出对前辈智慧和经验的崇敬之情。长辈往往在生活中积累了丰富的阅历和经验，这些智慧的积累是社会的宝贵财富。尊敬长辈不仅仅是对个体的一种教育，更是对社会智慧传承的一种维系。通过尊敬长辈，社会传递着对智慧、经验的高度重视，激励后辈在社会中更加谨慎、睿智地行事。尊敬长辈的背后，是一种对家族、社会稳定的追求。在家庭中，尊敬长辈是家族和谐发展的基石。尊敬长辈的行为不仅强化了家族成员之间的联系，也为家庭内部的秩序和谐奠定了基础。在社会层面，尊敬长辈是对社会价值观的尊重和传承。社会中的每一代人所拥有的智慧都是在前人遗留的经验的基础上发展与演变而来的，对长辈的尊敬是对社会历史和传统文化的一种维护和延续。在尊敬长辈的过程中，还体现了一种对人性的敬畏。人生经历的不同阶段，每个个体都会经历从幼童到成年的过程，而在这个过程中，长辈扮演了引导、教育的角色。对长辈的尊敬是对这个自然过程的认同和敬畏，是对人类生命经验的一种敬重。通过尊敬长辈，个体不仅仅是在展现自己对社会规范的遵循，更是在表达对生命、成长和智慧的深刻敬意。值得强调的是，尊敬长辈并不是一成不变的，而是随着时代和社会的变迁而变化。在现代社会中，尊敬长辈的方式可能更加注重平等和开放，但这并不意味着对长辈的尊敬减少；相反，现代社会强调尊重个体的独立性和平等地位，但尊敬长辈仍然是一种对智慧和经验的尊崇，是对社会价值观的一种传承。

尊敬长辈在礼仪中不仅仅是一种行为规范，更是对前辈智慧和经验的崇敬。这种尊敬既是社交行为的一部分，也是对文化传统和社会稳定的一种承载。通过尊敬长辈，个体在社会中不仅表现出对社会规范的遵循，更表达了对生命和人性的深切敬意。这种尊敬长辈的文化传统不仅是中华传统文化的特色，也是现代社会构建和谐关系的重要价值观。

（二）喜庆和祝福

1. 婚礼祝福

婚礼祝福是一场充满喜庆和祝福色彩的仪式。在婚礼中，礼仪的细致规范不仅表达了对新人的热切祝福，更体现了对婚姻和家庭的庄严敬重。通过婚礼礼仪，人们传递着对美好未来的信心和对幸福生活的向往，使这场喜庆的仪式成为人生中重要的时刻。

婚礼中的礼仪通过庄重的仪式和繁复的流程，表达了对新人幸福生活的美好祝愿。在婚礼仪式中，新人步入婚礼场地，通常会经历接亲、拜堂、交换戒指等一系列传统仪式。这些仪式不仅仅是深厚的文化传承，更是对新人婚姻生活的祝福。接亲象征着新人从此踏入彼此的生活，共同经历未来的点滴；拜堂是对婚姻神圣庄严的宣誓，表示对婚姻的认真态度；交换戒指则象征着两人心心相印，互相承诺终生相守。这些仪式不仅仅是对婚姻的承诺，更是对新人幸福未来的祝福。

婚礼祝福通过婚礼中的仪式细节，传递了对整个家庭未来的美好期许。在婚礼中，会邀请到双方父母、长辈等重要人物。父母的赞助、为新人敬茶等仪式，不仅仅是对父母的敬意，更是对新家庭的祝福。这些细致入微的礼仪让整个家庭共同参与到婚礼中，形成了家族的凝聚力。通过这些仪式，人们表达了对新家庭未来和睦相处、幸福美满的期许，使婚礼成为一场家庭团聚的盛宴。婚礼中的礼仪通过庄重的语言表达，弘扬了对幸福生活的美好祝愿。在婚礼中，主持人或亲友往往会以寓意深刻的语言为新人送上祝福。这些祝福不仅仅包含了对物质生活的繁荣、事业的成功，更涉及夫妻间的互敬互爱、相濡以沫的温馨画面。通过优美的言辞表达，人们将对美好未来的向往传达给新人，使婚礼成为一个充满美好祝愿的场合。婚礼中的礼仪还通过一系列庆祝活动，营造了喜庆热烈的氛围。婚礼的策划往往包括庆功宴、婚车队、喜糖派发等一系列庆祝环节。这些庆祝活动不仅丰富了整个婚礼过程，更是对新人幸福生活的欢呼和庆祝。庆功宴是亲友共同庆贺新人婚事的时刻，婚车队则是将喜悦传递到整个社区，喜糖的派发象征着对新人幸福糖果般甜蜜生活的祝愿。这些庆祝活动的举办，使婚礼不仅成为新人和家庭的庄重仪式，更成为整个社区共同参与的欢庆盛典。

在婚礼中，注重礼仪的表达不仅仅体现在形式上，更贯穿心灵深处。新人和亲友之间的交流和祝福，不仅表达了对新婚夫妇的关爱，更传递了对未来的美好期望。

2. 节庆祝贺

节庆祝贺的礼仪是一种富有文化内涵的行为表达，它不仅仅在形式上象征着庆典的喜庆氛围，更承载着对亲友的深切祝福。在这个过程中，礼仪的丰富细节和祝福的言辞共同构建了一种传统文化的体验，为人际关系的维系和社会和谐提供了有力的支持。

节庆祝贺的礼仪通过形式上的庆典传递着喜庆的氛围。在节庆时刻，人们通常会通过一系列精心准备的庆祝仪式和活动来表达对特殊时刻的重视和庆贺之情。这包括节日饮食、服饰装造、传统舞蹈等方面的庆典，都是以特殊的形式传递着喜庆的氛围。这些形式化的庆祝活动不仅仅丰富了生活的层次，更通过礼仪的外在形式传递了对节庆活动的尊重和珍视。节庆祝贺的礼仪通过言辞上的祝福传达着深切的情感。在节庆时刻，人们通常会以一种独特而美好的方式表达对亲友的祝福。这种祝福的言辞往往承载着对健康、幸福、安康等美好愿望。这些祝福语言不仅仅是一种传统文化的表达，更是对人际关系的关怀和深情。通过祝福的语言，人们在庆祝时刻表达了对他人的美好期许，营造了一种积极向上的社交氛围。节庆祝贺的礼仪还体现在传统文化的传承和弘扬上。在传统文化中，节庆祝贺是一种对传统价值的弘扬和对历史文化的传承。通过遵循传统的庆祝仪式、礼仪规范，人们将传统文化的内涵融入现代的庆祝活动中，使得传统与现代在节庆祝贺的礼仪中形成一种有机的结合。这既保持了文化的传承性，又使得庆典活动更具现代气息。

节庆祝贺的礼仪是一种集传统文化、形式化庆典和美好祝愿于一身的综合体验。通过形式上的庆典、言辞上的祝福以及传统文化的传承，节庆祝贺不仅仅为特殊时刻注入了喜庆的氛围，更加强了人际关系的亲密和社会的凝聚力。这种礼仪的实践不仅是一种文化传承的方式，也是对美好生活的向往和对社会和谐的追求。

第二节　中国传统礼仪的情感色彩

一、中国传统礼仪的庄重

中华传统礼仪以其庄重而著称，深植于中华千年文明的土壤中。庄重体现在对长辈、祖先及正统文化的尊崇上。在传统礼仪中，人们通过恭敬的言行，展示对前辈的敬仰，延续着家族的传承。这种庄重不仅仅是一种行为准则，更是对家族、社会秩序的维护。

中华传统礼仪的庄重构建了一种精神秩序，强调了对前贤、祖先的敬畏与感恩。这不仅仅是一种道德准则，更是文化传承中的重要元素，为社会赋予了深厚的历史底蕴。

（一）婚礼的祝福语言

婚礼的庄重祝福在祝福的语言中得以淋漓尽致的表达。在这一特殊的仪式中，长辈们用深情的语言为新人送上最美好的祝愿，不仅传达着对新生活幸福美满的美好期许，更体现了对婚姻和家庭的敬重与祝福。这些祝福语言，如同一幅精致的画卷，为婚礼增色添彩，成为新人心灵深处最温暖的慰藉。

祝福语言在婚礼仪式中展现了对新人美好未来的真挚祝愿。长辈们往往以朴实而深情的语言为新人送上最诚挚的祝福，表达对他们婚姻生活的美好期许。例如，祝愿新人婚后百年好合、恩爱如初，这些祝福语言不仅仅流露出对新人的深深祝福，更传递了对家庭和婚姻的珍视和敬重，使婚礼成为一个充满温馨和感动的场合。祝福语言在婚礼中体现了对传统家庭价值观的传承。在祝福的语言中，长辈们往往会提及传统的家庭美德和责任担当，如祝愿新人相互扶持、互敬互爱，这些祝福语言不仅仅是对新人的祝愿，更是对传统家庭价值观的传承，使婚礼不仅仅是两个人的结合，更是对家庭传统的延续和弘扬。祝福语言在婚礼中通过对感情的温馨描绘，传递了对爱情的理解和赞美。长辈们往往会用深情的语言描述新人的感情历程，称颂他们相知相守、携手共度一生的坚定决心。祝福语言中的温馨描绘不仅仅是对新人爱情故事的肯定，更是对爱情美好的向往和赞美。这种表达方式让婚礼不仅仅是法律上的结合，更是对感情深处的真挚表白，使整个婚礼更加感人至深。祝福语言在婚礼中还常常包含对新人人生旅途的启发和鼓励。长辈们往往会通过祝福语言传达对新人的鼓励，希望他们能够共同奋斗、共同成长。祝福新人百折不挠、共创未来，是对他们人生道路的激励和期许。这种鼓励的祝福语言不仅仅为新人注入了积极的力量，更激发了他们对未来生活的信心和勇气。

在婚礼的祝福语言中，还常常体现对家庭和社会责任的思考。长辈们往往通过祝福语言提及新人在家庭中的责任担当和社会角色。

（二）宴会礼仪的繁复

1.宴席仪式

传统宴会礼仪程序繁复，尤其体现在宴席仪式中，如敬酒、敬茶等一系列细致入微的举动。这些繁复的礼仪程序并非简单的形式，而是一种对宾客的尊重和对宴会氛围的精心营造。通过这些仪式，人们在宴会中创造了一种独特而庄重的礼仪文化，使宴席不仅仅成为一场美食的盛宴，更是一场尊贵的社交仪式。

宴席仪式中的敬酒程序体现了对宾客的尊重。敬酒作为宴席礼仪中的重要环节，承载了主人对宾客的敬意和尊重。在这个过程中，主人通常会亲自为宾客倒酒，并通过特定的方式敬献，表示对宾客的崇敬之情。宾客则在接受时表示谦虚而受之以示恭敬，这种互动使宴席成为一场礼仪交流的盛会。通过敬酒的繁复程序，人们在宴席中传递了对宾客高度尊重的文化内涵，弘扬了礼仪的精神。宴席仪式中的敬茶环节增添了庆典氛围。敬茶作为传统宴会礼仪中的一种仪式，通常在宴席开始或结束时进行。在这个环节中，主人或长辈会亲手为宾客泡茶，并以独特的方式敬献。接受茶的一方则表示谢意和敬意。这种仪式不仅仅传达了对茶文化的重视，更是在细致入微的礼仪中强调了对宾客的关怀和对宴会氛围的营造。敬茶的举动使宴席不仅仅是一场用餐，更是一场充满仪式感的社交活动。宴席仪式中还包括一系列的座次安排、主客交往等细节，这些都是传统宴会礼仪的一部分。座次的安排往往体现了宾主关系、长幼尊卑等社会等级观念，而主客交往的规范则强调了彼此之间的尊重和和谐。这些繁复而严谨的礼仪程序不仅仅增添了宴席的庄重氛围，更在细节中表达了人际关系的微妙和谐。

传统宴会礼仪程序繁复，尤其是在宴席仪式中的敬酒、敬茶等环节，是对宾客的尊重和对宴会氛围的巧妙营造。这些礼仪程序不仅展现了传统文化中对待宴会的庄重态度，更是社交活动中的一种精致表达。通过繁复的仪式，人们在宴席中不仅仅享受了美味的食物，更体验了一场令人难忘的礼仪文化盛宴。

2. 宾主有序

中国传统宴会的宾主有序体现了一种精细而繁复的礼仪规范，通过这些规范展示了人际关系的和谐与尊重。在宴会礼仪中，宾主有序的原则不仅仅是一种场合上的安排，更是对社会等级和人际关系的重视，表达了主人对宾客的尊重和宾客对主人的感激之情。

宾主有序体现在宴会的座次安排上。在传统宴会中，座次的安排十分讲究，必须按照社会地位、年龄、职务等因素进行精心设计。主人和要宾通常坐在主桌，其他宾客则根据社会地位和关系被安排在不同的座位上。这种有序的座次安排体现了对社会等级的尊重，同时也强调了人际关系的和谐。每个座次都反映了主人对宾客的尊重程度，展示了社会等级关系的清晰与稳定。宾主有序也体现在宴会的主次分明上。在整个宴会过程中，主人的地位和责任显得尤为重要。主人负责招待宾客，提供食物、饮料，同时主持整个宴会有序进行。宾客们则以接受主人的款待为主，表达对主人的感激之情。这种明确的主次关系使整个宴会保持有序，通过主人的热情招待和宾客的礼貌回应，使宴会成为一场和谐而愉快的社交活动。宾主有序还体现在用餐礼仪的规范上。在传统宴会中，用餐礼仪是一个重要方面。主人要熟知餐桌礼仪，为宾客提供周到的服务。宾客则须遵循一定的用餐规范，保持良好的餐桌礼仪。这种有序的用餐礼仪不仅体现了对餐桌文化的尊重，更表达了对宾主关系的细致关照。通过遵循共同的用餐规范，人们在宴会中营造了一种和谐、舒适的氛围，加深了宾主之间的友好关系。

中国传统宴会的宾主有序原则体现了对社会等级和人际关系的深刻尊重。在宴会礼仪中，通过座次的安排、主次的分明及用餐礼仪的规范，展示了宾客之间的和谐关系。这种繁复而精细的礼仪规范不仅仅是一种传统文化习惯，更是对人际交往的一种尊重和认同。宾主有序的宴会礼仪，既是对社会等级制度的遵循，也是对人际关系和谐的追求，为传统文化中的人际交往提供了重要的指导和规范。

二、情感色彩的温馨与祝愿

温馨与祝愿是情感色彩中最温暖而美好的表达方式。温馨的情感色彩源自对亲情、友情和爱情的真挚表达。通过表达温馨的情感，我们能够加深彼此之间的情感，创造温暖宜人的人际关系。

祝愿则是对他人美好未来的真挚期许。通过送上真诚的祝愿，我们表达对他人的关心与支持，为其未来生活注入积极的力量。祝愿不仅是对他人的一种美好期盼，也是积极正向情感的传递。在人际交往中，温馨的情感色彩和真诚的祝愿都能够营造愉悦的氛围，增进彼此之间的信任和友谊。这种积极向上的情感表达有助于建立和谐的社会关系，促使人们共同分享温馨与美好。

情感色彩中的温馨与祝愿不仅加深了人际关系的深度，也为社会带来了正面的能量。以温馨与祝愿为基调，我们能够创造更加温暖、美好的生活氛围，共同追寻幸福与共荣。

（一）亲情与友情的温馨

1. 家庭聚会

家庭聚会是传统节日或重大事件时的一种温馨而有着深刻礼仪的活动。在这样的聚会中，人们得以通过礼仪表达亲情，而在亲友团聚时弥漫的温馨氛围则体现了家庭的核心价值。这种家庭聚会既是情感交流的平台，也是传统文化的传承，呼唤着人们对亲情与友情的关怀和珍视。

家庭聚会中体现亲情的礼仪通常包括热情的问候、亲切的拥抱、传统的敬酒等仪式。在家庭成员相聚的时刻，热情的问候成为最初的表达，家人们通过亲切的语言和笑容，传递出深厚的感情。亲情的表达不仅仅停留在言语上，更通过拥抱、握手等实际行动得以体现，这一系列仪式都成为家庭成员之间亲密关系的象征。传统的敬酒仪式是家庭聚会中表达亲情的重要环节。家人们在这一时刻通过敬酒，表达对彼此的深情厚意。敬酒不仅是对长辈的尊重，也是对同辈或晚辈的祝福，通过这种方式，家人们在温馨的氛围中共同感受家庭的凝聚力和温暖。这种传统的敬酒仪式强调了家庭成员之间的尊重和关怀，使亲情在聚会中得以更加深刻的表达。在家庭聚会中，传统文化的传承是表达亲情的重要方面。这包括了家庭特定的习俗、传统的节庆活动、特色的饮食等。通过遵循这些传统，家庭成员不仅仅弘扬了家族文化，更传递了对祖先文化的敬畏与尊重。这种文化传承使家庭聚会成了亲情与传统文化相互交融的场所，加深了家庭成员之间的情感。亲友团聚时的温馨氛围是家庭聚会中最为显著的特征之一。家人们在这一时刻通过亲切的交谈、欢笑声和共同参与的活动，营造出一种和谐宜人的氛围。这种温馨的气氛既是对亲情的生动表达，也是对友情的深切体现。在这个过程中，人们分享彼此的生活点滴，感受到家庭的温暖，增强了家庭成员之间的感情纽带。家庭聚会不仅是对亲情的表达，也是对友情的珍视。在这个时刻，亲朋好友相聚一堂，共同分享快乐和困扰。在友情的交流中，人们通过礼仪表达对友情的重视，通过真挚的交谈表达对彼此的关心。友情在这个温馨的聚会中得以加强，成为家庭聚会的另一个重要元素。

家庭聚会是传统节日或重大事件时表达亲情和友情的重要形式。在这个特殊的时刻，通过一系列的礼仪、传统文化的传承、友情的交流，人们得以充分表达对亲情的深厚感激和对友情的珍视。这种温馨而庄重的活动不仅弘扬了传统文化，还增强了家庭成员之间的感情纽带，为整个家庭注入了浓厚的情感色彩。

2. 友情宴会

友情宴会是一种通过宴会礼仪表达亲情与友情的特殊形式，其中的亲切举动，如敬酒、互赠礼物等，不仅强调了友情的珍贵和深厚，同时在社会交往中传递着温馨与关怀。这种亲情与友情的交融，不仅体现在形式上的礼仪规范，更蕴含着人际关系中真挚的感情和深刻的人文关怀。

在宴会中敬酒的举动是表达深厚感情的重要方式之一。人们通过敬酒传递出对友谊的真挚敬意和珍惜之情。在敬酒的过程中，亲情与友情在酒杯的碰撞中得到了强化，每一次敬酒都是对友谊的真挚表达，也是对生活中点滴欢乐的共同庆祝。此时，宴会不再只是聚餐的场合，更成为情感交流的平台，友情通过敬酒这一简单而又深刻的仪式得到了呼之欲出的表达。

互赠礼物是友情宴会中另一重要的亲切举动。通过精心挑选的礼物，人们表达了对友人的关心和祝福。这种礼物的赠送不仅仅是一种礼仪行为，更是对友情深厚的见证。礼物的选择往往寓意着对朋友个性和兴趣的了解，通过这样的细致关怀，加深了友情的默契和信任。而接收礼物的一方则体验到了被重视和被关心的愉悦感，从而在友情中建立更加深刻的情感纽带。

在友情宴会中，亲切的对话与交流也是表达情感的重要方式。通过愉快的交谈，人们在友情中分享生活的喜怒哀乐，促进了感情的升华。这种真实而自然的对话，使友情宴会不仅仅是一次社交活动，更是一次真挚的心灵交流。亲情与友情在这样的对话中得以升华，共同度过的美好时光成为友谊中的珍贵回忆。友情宴会中的宴会礼仪不仅仅是一种行为规范，更是对友情的一种呵护和表达。在敬酒、互赠礼物等环节中，人们不仅传递了对友情的珍视，同时也通过这些仪式强调了友情的珍贵和深厚。在这个过程中，亲情与友情交织在一起，使宴会成为一个温馨的交流场合，共同度过的时光被赋予了深刻的情感内涵。友情宴会中，宴会礼仪的亲切举动体现了人们对友情的尊重和认可。通过这些仪式感的展现，友情在社会交往中不仅仅是一种表面的礼貌，更是一种深切的情感投入。这种亲切举动的实践，不仅拉近了友情的距离，也让友情在社会生活中更具有温馨和关怀的特质。友情宴会的亲切举动还反映了社会中亲情与友情的交织关系。在友情宴会中，人们不仅与亲人共同庆祝，也与朋友共同分享，使亲情与友情在这个场合中得以统一。亲情与友情的交织，让宴会成为一个融洽和睦的社交场合，为社会关系的建立和发展提供了有力支持。在现代社会中，友情宴会作为一种重要的社交方式，更是注重个性化和创意。人们在继承传统礼仪的基础上，更加注重自己的兴趣爱好和独特品位的体现。这种个性化的友情宴会不仅仅强调友情的真实性，更突显了个体在社交中的独特性格和情感表达。

友情宴会中的亲切举动，如敬酒、互赠礼物，不仅仅是宴会礼仪的一种表达方式，更是对友情的珍贵和深厚的呈现。

（二）喜庆祝愿的表达

1. 节庆祝福

在中国传统的节庆中，人们通过特定的仪式和礼仪，传达着对亲友的深深祝福，表达了对美好未来的期许。这些喜庆的祝愿不仅仅是对个体幸福的祈祷，更是对整个社会和家庭和谐、繁荣的美好向往。在这个富有文化底蕴的传统背景下，节庆祝福的表达承载着丰富的情感和文化内涵，成为人们心灵交流的重要形式。

节庆祝福的表达通过仪式和礼仪体现着人们对美好生活的向往。在中国的传统节庆中，人们往往会通过拜神、祭祖、合家团圆等仪式来迎接新的一年或新阶段的到来。这些仪式既有着深厚的宗教和历史传承，也承载着人们对幸福生活的美好愿望。在春节这个重要的传统节庆中，家家户户都会进行祭祖、贴春联、燃放烟花爆竹等一系列活动，寓意着迎接新年的来临、祈求家庭平安。通过这些仪式，人们表达着对健康、幸福、和谐生活的深深祝愿，使节庆不仅仅是一种庆祝活动，更是对美好未来的集体祈福。节庆祝福的表达通过传统节庆活动弘扬着家庭和社会的团结。在节庆时，家人团聚、亲友相聚是一种传统的习俗。通过与亲友共度时光，人们不仅表达了对彼此的关怀和祝福，也体现了对家庭和社会团结的向往。中秋节是一个家庭团圆的节日，人们常常通过赏月、吃月饼、赠送礼物等方式表达对亲人的思念和祝福。这种传统的团圆活动不仅弘扬了家庭和睦的价值观，也增进了社会的凝聚力，使整个社区在节庆之际更加和谐、团结。与此同时，节庆祝福的表达还在一定程度上反映了社会文化和价值观的演变。随着社会的不断发展，人们对节庆的庆祝方式和祝福内涵也在发生变化。在现代社会，一些传统的节庆活动可能融入了现代元素，如通过互联网分享祝福、线上活动等方式表达对亲友的美好祝愿。这种变革既体现了社会文化的多元化，也传递着对时代发展的认同和接纳。通过这样的方式，人们在传统节庆中依然保留了对美好未来的祝愿，同时也顺应了社会变革的潮流。节庆祝福的表达中也常常体现了对个体成就和幸福生活的真诚祝愿。人们在亲友间通过语言、书信、礼物等多种方式表达对对方的祝福。这些祝福不仅关乎个体的健康和事业，更涉及家庭和社会的繁荣。在过年期间，人们常常通过拜年、赠送红包等方式表达对亲友的祝福。这种真诚的祝愿既是对个体的关怀，也是对整个社会和谐发展的美好期许。通过这些表达方式，人们在节庆时传递了对彼此美好未来的深切祝福，使节庆成为人际关系更加密切的契机。

节庆祝福的表达也体现了对自然和环境的尊重和感恩。许多传统节庆与自然的周期和季节密切相关，人们通过庆祝活动感慨自然的变化，对自然的馈赠表达感激之情。在农历春节，人们通过贴春联、赠送红包等方式庆祝新春的到来，表达对农业丰收、新生活的感恩之情。

2. 婚礼祝愿

婚礼祝愿是一种充满深情和美好期许的表达，是婚礼仪式中不可或缺的环节。在这个特殊的时刻，亲友通过言辞和仪式，传达对新人美满婚姻、幸福生活的热切祝愿。这种祝愿的表达不仅仅是一种礼节，更是对婚姻美好未来的真挚期盼，通过细腻的语言和仪式，人们在婚礼中营造了一种温馨而深情的氛围。

　　婚礼祝愿通过言辞的表达传递着对新人幸福生活的美好期许。亲友们在婚礼仪式上常常通过深情的祝福语言，表达对新人婚姻生活的美满祝愿。这些祝愿不仅仅是对新婚夫妇的祝福，更是对两人共同未来的美好期许。在祝愿的言辞中，人们通常会用温馨、浪漫的语言表达对新人爱情长久、婚姻幸福的殷切祝愿，营造出一种温馨和谐的氛围。婚礼祝愿通过仪式的形式强化了祝福的表达。在婚礼中，祝愿不仅是言辞的表达，还包含了一系列的仪式。敬茶、敬酒等环节往往伴随着祝愿的表达，通过这些仪式，亲友们将对新人的祝福化为实际行动。敬茶时，亲友为新人奉上茶水，表示对婚姻生活的美好祝愿，而新人则在接过茶杯时回馈感激之情。这样的仪式不仅强化了祝愿的表达，更加深了参与者之间的情感连接。婚礼祝愿的表达还常常包含对家庭和睦、子女成才的美好期盼。在祝愿中，亲友们不仅表达对新人夫妻生活的祝福，还常常附带着对未来家庭的期许。这体现了亲友对新人未来幸福生活的全面祝愿，包括对家庭和谐的期望及对子女成长成才的期盼。这种全面而深刻的祝福不仅仅关注新人的个体幸福，更关注到整个家庭的美好未来。

　　婚礼祝愿作为婚礼仪式的重要环节，通过言辞和仪式的表达，传递了对新人美满婚姻、幸福生活的深切祝愿。这种表达不仅仅是一种礼仪形式，更是对婚姻美好未来的真挚期盼和对新人幸福生活的热切祈愿。通过祝愿的表达，人们在婚礼中营造了一种温馨、感人的氛围，为新人迈入婚姻生活的新阶段注入了美好的祝福和期许。

第三章　中国传统礼仪文化的价值认识

第一节　中国传统礼仪文化价值的相关概念

一、道德伦理的维护

道德伦理的维护在社会发展中起着至关重要的作用。道德伦理是社会秩序的基石，它通过规范人们的行为，确保社会成员在相互关系中遵循一定的道德准则，减少冲突和矛盾。这有助于构建和谐的社会环境，促进社会的稳定与繁荣。道德伦理的维护有助于培养公民的良好品德。通过道德规范的引导，人们在道德伦理的框架下学会肩负责任、心存正义和尊重他人，从而培养出品德高尚的公民。这不仅对个体的成长发展有益，也为社会建设提供了具有高度社会责任感的人才。道德伦理的维护有助于构建社会信任。在一个基于道德原则的社会中，人们更愿意相信彼此，形成紧密的社会网络。这种信任关系有助于促进经济合作、社会合作，从而推动社会的发展。

综上所述，道德伦理的维护是社会稳定、公民品德培养和社会信任构建的关键所在。通过强调道德伦理的重要性，社会能够更好地引导个体行为，建设一个更加和谐、公正和可持续发展的社会。

（一）社会和谐稳定

1.道德规范

社会和谐稳定是一个社会的发展和繁荣的重要基石。传统礼仪文化在这一方面发挥了至关重要的作用，特别是通过强调社会成员之间的道德规范和行为准则，为维护社会和谐稳定奠定了坚实的文化基础。道德规范在传统礼仪中扮演了引领人们行为的重要角色，不仅影响个体的道德修养，也对整个社会的发展产生深远的影响。

传统礼仪文化通过强调道德规范促进了社会成员之间的互信和互尊。在封建社会中，礼仪往往被视为一种道德标准，规定了人们在不同场合应有的行为和待人之道。这种道德规范使社会成员之间能够建立信任，形成一种和谐的人际关系网络。通过遵守共同的礼仪规范，人们的社会关系能够建立在互相尊重和信任的基础上，为社会和谐稳定奠定基础。传统礼仪文化注重个体品德的培养，通过道德规范引导人们追求良好的品德和道德修养。礼仪文化中的道德规范往往强调谦逊、宽容、正直等道德价值观念，这些品德的培养有助于形成有素质、有责任心的社会成员。在这样的社会氛围中，个体更容易产生积极向上的行为，提高社会整体的道德水平，促进社会的和谐发展。

传统礼仪文化中的道德规范也对社会的法律体系和制度建设产生积极的影响。礼仪往往与法律体系相辅相成，起到了一种先行的引导作用。利用道德规范对人们的行为进行引导，社会可以形成一种自我约束的机制，减少违法犯罪行为的发生。在这样的文化氛围中，法律和制度更容易被社会成员接受和遵守，从而为社会和谐的维护提供一种软性的支持。

传统礼仪文化中的道德规范还在社会发展中扮演了社会凝聚力的角色。在封建社会中，礼仪被视为一种文化认同和社会凝聚的重要元素。通过共同遵守的礼仪规范，社会成员形成了一种共同的文化认同，加强了社会的凝聚力。这种文化认同有助于建立一个有着共同价值观的社会，人们更容易团结在一起，共同推动社会的繁荣和发展。值得注意的是，尽管传统礼仪文化中的道德规范在维护社会和谐稳定方面发挥了积极的作用，但在现代社会，随着价值观念的多元化和社会结构的复杂化，传统礼仪文化所体现的一些道德规范可能需要与时俱进，以更好地适应社会发展需求。

2. 尊重他人

和谐稳定是一个社会的发展目标，而尊重他人是维持社会和谐的基石之一。礼仪规范通过教导人们尊重他人，遵循社会共同的价值观，促进了社会各阶层之间的和谐相处。这种和谐关系不仅仅体现在个体之间的互动中，更在社会整体的运作中发挥了积极作用，从而构筑了一个相互尊重、共同繁荣的社会结构。

礼仪规范强调尊重他人，使社会成员能够更好地理解和包容不同个体的差异。尊重不同文化、信仰、习惯的人们有助于构建一个多元而包容的社会。在这种氛围下，社会成员更愿意接受不同的观点和方式，形成了开放的社会氛围。尊重他人的行为不仅仅体现在言谈举止上，更深刻地植根于对他人独特性和多样性的理解。通过礼仪规范传达的尊重理念，使社会成员逐渐形成对多元化的认同，从而推动社会和谐的发展。礼仪规范教导人们在社交场合中保持良好的言谈举止，建立积极的人际关系。社会中的各种交往往需要遵循一定的礼仪规范，这包括对他人的尊重和关心。在交往中，通过尊重他人的言行，人们能够建立互信和友好的关系。礼仪规范不仅仅是一种形式上的行为规范，更是一种通过维护人际关系实现社会和谐的手段。在这个过程中，尊重他人有助于减少冲突和误解，促进社会中各个群体之间的融洽相处。

礼仪规范在教育层面起到了培养公民良好素质的作用，为社会的和谐稳定奠定了基础。通过在教育中传承和弘扬礼仪，培养学生尊重他人、关心社会的意识，使他们在成长过程中形成积极的社会行为习惯。这样的教育有助于塑造社会成员的价值观和道德观，使其在社会中具备更高的社会责任感和公民素质。良好的教育不仅能够为社会培养更多负责任的公民，还能够培养更多具备团队协作精神的人才，从而构建更加和谐的社会。

同时，礼仪规范通过对权力和权威的尊重，有助于维护社会的稳定。在一个有序的社会中，尊重他人不仅仅表现在个体之间的尊重，更体现在对法律和制度的尊重。礼仪规范教导人们在社会中应遵守规则、尊重法律，共同维护社会秩序。对权威的尊重使社会成员更愿意接受合理的规范和约束，减少了社会动荡的可能性。这种对权力的尊重有助于形成公平正义的社会制度，使社会运行更加稳定有序。礼仪规范通过教导人们尊重他人，遵循社会共同的价值观，促进社会各阶层之间的和谐相处。这种和谐关系不仅有助于社会成员个体的幸福感和融入感，还构建了一个相互尊重、共同繁荣的社会结构。礼仪规范在社会和谐稳定的进程中发挥着不可忽视的作用，为社会的可持续发展奠定了坚实的基础。

（二）家庭关系和谐

1.家庭纽带

在家庭中，传统礼仪被视为一种纽带，发挥着重要的作用，加强了家庭成员之间的情感联系，有效地维护了家庭关系。传统礼仪的实践不仅体现了文化传统的延续，还是家庭成员之间情感交流的媒介，通过一系列的仪式和规范，促使家庭关系更加和谐。传统礼仪在家庭中起到了促进亲情的作用。家庭作为社会最基本的单位，亲情关系对家庭的稳定和和谐至关重要。传统礼仪强调对长辈的尊敬、对晚辈的关爱，形成了一种严谨而温馨的家庭氛围。在春节等重大节日，家人团聚时的拜年、宴请等传统仪式，都是表达家庭成员之间深厚感情的方式。通过这些仪式，亲情得以加强，家庭成员之间建立起更为紧密的联系，使家庭成为一个温馨的港湾。

传统礼仪在家庭中有助于促进夫妻关系的和谐。婚姻是家庭关系中至关重要的一环，传统礼仪在婚礼仪式中扮演着重要的角色。婚礼的举行不仅是对父母的敬意，更是对彼此承诺的表达。传统的敬茶仪式、交换戒指等环节，都是夫妻之间情感交流和约定的象征。通过这些仪式，夫妻之间的感情得以深化，形成了共同的责任和使命，为家庭的和谐奠定了基础。

家庭中的传统礼仪强调尊老爱幼的价值观，促进了家庭代际关系的和谐。尊敬长辈、孝敬父母是传统礼仪的重要内容，这种家庭价值观对于维护代际关系的和谐至关重要。在传统礼仪中，孩子通过恭敬的行礼、献茶等方式表达对长辈的敬意，长辈则通过赐红包、传授经验等方式回应。这种代际关系的维系不仅使家庭结构更加稳固，也传承了家族文化，为家庭的持续发展提供了支持。传统礼仪在家庭中还有助于培养家庭成员的责任心和团队协作精神。在家庭生活中，各个成员都有明确的责任和角色，这在传统礼仪中有着具体的表达。在一些传统节庆中，家庭成员需要共同参与准备、庆祝等环节，通过分工合作，形成了一个有默契的家庭团队。这种团队协作的精神不仅体现在日常生活中，在面对家庭挑战时也起到了重要的作用，使家庭成员能够共同面对困难、共享欢乐。传统礼仪在家庭中有助于培养家庭成员的良好习惯和行为规范。通过在家庭中进行一些固定的仪式，传统礼仪能够引导家庭成员形成良好的行为习惯。在饭桌上的进餐仪式、节日庆祝中的礼仪规范等，都有助于培养家庭成员的谦逊、宽容、尊重等品质。

2. 孝道观念

孝道观念作为传统礼仪文化的重要组成部分，承载着对家庭和谐的深刻追求。在孝道的教育下，子女对父母的敬孝被视为一种美德的体现，不仅有助于传承家族的美德，也在家庭中营造了一种和谐、亲密的氛围。孝道观念的践行不仅关乎家庭成员之间的亲情联系，还体现了中华传统文化中对于家庭关系和谐的独特理解。

孝道观念在家庭中弘扬着敬老尊贤的传统美德。在孝道的引导下，子女被教育和引导要尊敬父母，以敬老尊贤为家庭的核心价值观。这种观念使家庭成员之间建立了一种崇尚长辈、尊重晚辈的关系，促使家庭中的不同年龄层次之间形成了相互关爱、相互尊重的和谐局面。孝道观念通过注重家族的延续和长辈智慧的传承，为家庭关系的和谐奠定了基础。孝道观念在培养家庭成员的感恩之心和责任意识方面发挥着积极作用。敬孝不仅仅是一种对父母的尊敬，更是一种感恩的情怀。在传统观念中，父母之恩无以为报，子女应以孝敬为最高的回报方式。这种感恩之心使家庭更为温馨和谐，形成了一种潜移默化的责任感。家庭成员在孝道观念的引导下，常常具备对家庭负责、关心彼此的责任心，从而使家庭关系更加和谐。

同时，孝道观念也在家庭决策和沟通中发挥了重要作用。在传统家庭中，尊重长辈的意见是一项基本的行为准则。孝子孝女在面对家庭事务时会尊重父母的意见，尽量满足家庭长辈的期望。这种尊重和沟通的模式使家庭成员之间形成了更加紧密的联系，减少了家庭内部的矛盾和冲突，有助于家庭关系的和谐稳定。

孝道观念也在家庭教育中发挥了重要的引导作用。父母以身作则，孝道观念被融入家庭教育的方方面面。通过言传身教，父母引导孩子懂得尊敬长辈、感恩父母、关爱家人。这种家庭教育不仅培养了孩子的品德，更在孩子的成长过程中建立了亲情基础，使整个家庭充满了爱与温馨。孝道观念在传统礼仪文化中扮演着重要的角色，它强调子女对父母的敬孝，有助于建立和谐的家庭氛围。

二、文化传承与身份认同

文化传承与身份认同密不可分，是个体在社会中建立自我认知和认同的重要因素。通过文化传承，人们接收并传递着祖先的智慧、价值观和传统理念，从而构建起独特的文化身份。语言、习俗、艺术等文化元素承载了丰富的历史和情感，成为塑造个体身份认同的基石。

文化传承不仅在个体层面形塑身份认同，也在共同体层面促进群体凝聚。共享相似的文化经验和价值观使人们形成共同的认同感，加强了群体的凝聚力和归属感。

随着社会变革和全球化的影响，文化传承面临着挑战。在这个过程中，个体的身份认同也随之调整。维护文化传承的同时，适应新的文化元素和多元化的社会背景，有助于建立更为开放和包容的身份认同，使个体更好地融入当代社会。因此，文化传承与身份认同的关系既是传统与现代、个体与群体之间相互作用的产物，也是一个动态平衡的过程。

（一）社会认同感

1. 社会身份

社会认同感是个体在社会中感受到的一种归属感和对自己社会身份的确认。传统礼仪规范在这一过程中扮演着重要的角色，通过塑造社会身份，使个体能够在社会结构中找到归属感，建立自己的社会地位。这种社会身份的形成与传统礼仪规范相互交织，共同奠定了社会认同感的基石。

传统礼仪规范通过规范言谈举止，塑造了特定社会群体的独特形象，强化了社会身份感。在不同的文化和社会群体中，存在着各种各样的礼仪规范，这些规范反映了特定社会价值观和行为准则。个体通过遵循这些规范，表达对社会文化传统的尊重和认同，从而尽快融入特定的社会群体。在中国传统文化中，尊敬长辈、注重家庭和谐是重要的礼仪规范，通过这些规范，个体不仅展现了对传统文化的尊重，还树立了自己在家庭和社会中的良好形象，形成了明确的社会身份。传统礼仪规范在社交场合中发挥着整合社会关系的作用，加强了个体在社会网络中的地位，从而促进了社会认同感的形成。在各种社交活动中，礼仪规范为人们提供了相互交往的行为准则，使社会关系更加和谐。通过在社交场合中遵循适当的礼仪，个体得以建立良好的人际关系，从而加强自己在社会中的认同感。在商务场合中，遵循商务礼仪有助于建立信任，促成合作关系，进而提升个体在商业领域的社会地位。这种通过礼仪规范促进社交关系的方式，有助于个体在社会中形成稳定而积极的社会身份。

传统礼仪规范还在社会仪式中发挥重要作用，强化了个体在特定社会事件中的地位和认同感。婚礼、葬礼等重大仪式是社会生活中不可或缺的部分，这些仪式通常伴随着特定的礼仪规范。通过参与这些仪式，个体不仅能够表达对传统文化的敬重，还能够在特定的社会事件中确立自己的社会身份。在婚礼中，新人按照传统礼仪步骤进行，既表达了对传统文化的尊重，又巩固了在婚姻中的社会身份。这种通过仪式参与形成社会身份感的过程，加深了个体对社会的认同感。

传统礼仪规范对社会认同感的形成具有深远影响。通过规范行为、引导社交、参与仪式等方式，传统礼仪规范帮助个体在社会中找到归属感，建立自己的社会身份。这种社会身份感的形成不仅使个体在社会中更具有自信和稳定感，也为社会整体的和谐发展提供了基础。传统礼仪规范既是文化传承的一部分，也是社会认同感的重要影响因素，通过在社会生活中的贯彻实践，传统礼仪规范在当代社会中依然发挥着重要作用。

2. 族群认同

在当今社会，社会认同感日益成为人们关注的焦点。族群认同作为其中一个重要方面，在强调尊重传统的同时，也在维护不同族群的身份认同上发挥着重要作用。礼仪文化作为一种传统的社会规范和行为准则，不仅有助于人们更好地理解和尊重彼此的文化差异，而且在促进多元文化的共存方面发挥着不可替代的作用。礼仪文化通过强调尊重传统，为不同族群的身份认同提供了一种共同的价值基础。不同的族群往往有着独特而丰富的文化传统，这些传统承载着族群的历史、信仰和价值观。在这种情境下，礼仪文化成为一种连接不同族群的纽带，通过遵循共同的礼仪规范，不同族群能够在文化认同上找到共通之处，建立起一种共同的社会认同感。这种认同感超越了个体的差异，使人们能够更好地融入社会整体，形成一个更加和谐的多元文化社会。

礼仪文化有助于加强不同族群的身份认同感，避免文化差异导致的冲突和分裂。在一个多元文化的社会中，不同族群之间存在着各种文化差异，这些差异有时可能导致误解、不理解甚至冲突。而礼仪文化作为一种公认的行为准则，能够为不同族群提供一个共同的社会规范。通过遵循相同的礼仪规范，不同族群能够在文化交往中更好地理解对方，减少文化冲突的发生。礼仪的存在使人们能够更加包容和尊重不同文化的存在，从而维护了多元文化社会中各个族群的身份认同。

礼仪文化还通过促进多元文化的共存，营造了一个更加包容和开放的社会氛围。在多元文化的社会中，不同族群之间的互动和交流是不可避免的。礼仪文化提供了一种共同的行为准则，为跨文化交往提供了一种规范和引导。通过遵循礼仪规范，人们能够更好地处理不同文化之间的差异，促使多元文化在社会中和谐共存。这种共存不仅丰富了社会的文化底蕴，也为每个个体提供了更广泛的社会认同感，使社会成为一个更加包容和繁荣的多元文化共同体。

综上所述，礼仪文化在社会认同感的构建中发挥着重要的作用，特别是在族群认同方面。通过强调尊重传统、加强身份认同感及促进多元文化的共存，礼仪文化成为不同族群之间沟通的桥梁，为社会创造了一个更加和谐和包容的多元文化环境。在这个环境中，每个个体都能够找到自己的社会归属感，形成一个共同奋进的社会整体。

（二）社交沟通的有效性

1.社交技巧

社交沟通的有效性在很大程度上取决于个体掌握的社交技巧。传统礼仪规范作为社会交往的基本技巧，为个体提供了在社会中更加得体地表达自己的指导原则。在这个过程中，人们通过得体的言谈举止来传递信息，建立信任关系，并在社交场合中取得更好的交往效果。传统礼仪规范在社交沟通中扮演着引导作用。这些规范通过传统文化和社会共识达成，涵盖了人们在不同场合下应该遵循的行为准则。对于不同年龄层次的人，传统礼仪规范规定了适当的称呼和尊重方式，使人们在社交过程中能够更好地把握相互之间的尊重和关爱。传统礼仪规范有助于提高社会交往的效果。在社交活动中，个体的言谈举止往往能够影响他人对其的印象。通过遵循传统礼仪规范，个体能够更好地掌握社交技巧，使交往变得更加得心应手。在正式场合，适当的言辞和得体的举止能够为个体赢得他人的好感，从而促进更加积极的社交关系的建立。传统礼仪规范还在一定程度上规范了情感表达的方式。在社交沟通中，情感的传递往往需要一定的技巧，以免产生误解或引发不必要的冲突。通过遵循传统礼仪规范，个体能够更好地表达自己的情感，并且更好地理解他人的情感需求。这种有效的情感传递有助于建立更加深入和真实的社交关系。需要注意的是，社交技巧并非僵化的规则，而是需要根据具体情境和个体特点进行灵活运用。在当今多元化的社会中，传统礼仪规范可能无法完全涵盖各种社交场合的复杂性。因此，个体需要在掌握传统礼仪规范的基础上，根据实际情况灵活运用社交技巧，以更好地适应多样化的社交环境。

综上所述，社交沟通的有效性在于个体掌握的社交技巧。传统礼仪规范作为基本技巧，为社会交往提供了引导作用，有助于提高交往效果，并规范情感表达方式。个体需要灵活运用社交技巧以适应不同情境，以更好地应对多元化的社交环境。社交技巧的不断提升将有助于个体在社会中更加自如地表达自己，从而建立更加健康和积极的社交关系。

2.商务社交

有效的社交沟通在商务社交中显得尤为重要。在这个领域，传统礼仪被视为一种强有力的工具，有助于建立信任，促进合作关系，从而提高社交沟通的效果。商务社交的有效性不仅决定了信息的传递，更关乎人际关系的建立和维护。在商务社交中，传统礼仪被认为是一种价值观的表达方式，通过遵循共同的规范和行为准则，人们能够在交往中建立起相互尊重的基础。在商务场合，正式的打招呼、握手礼仪及注意力的集中等传统行为，都展现了参与者对对方的尊重和关注。这种尊重和关注是社交沟通中建立信任的基础，为后续的商务合作奠定了良好的基础。传统礼仪在商务社交中还扮演着密切人际关系的角色。在商业环境中，人们往往需要面对各种各样的合作伙伴，包括客户、同事、上级等。通过遵循传统礼仪，人们能够在交往中展现出自己的专业素养，从而增加在商务社交中的竞争力。正因如此，传统礼仪成为商务场合中维护个人形象、树立良好印象的利器。在商务社交中，有效的社交沟通不仅局限于面对面的交流，也包括书面沟通。在电子邮件、商务函件等书面沟通中，同样需要遵循一定的传统礼仪规范。正式的称呼、清晰的表达、礼貌的结尾等，都能为商务信息的传递提供更为有效的途径。通过书面沟通，人们能够更好地传达自己的意图，避免误解，提高合作效率。值得注意的是，在商务社交中，传统礼仪并非僵化不变，而是随着时代的发展和社会的变迁而不断演变。因此，理解和适应新的社交礼仪同样是提升社交沟通效果的关键。在数字化时代，社交媒体的兴起为商务社交提供了全新的平台，人们通过社交平台进行商务交流。在这个新的环境下，理解并遵循相应的社交规范同样是确保有效沟通的重要因素。

在商务社交中，传统礼仪的有效运用对于建立信任、促进合作、维护人际关系都具有积极的作用。传统礼仪不仅仅是一种行为准则，更是一种沟通的语言，通过使用这种语言，人们能够在商务社交中取得更好的效果。同时，随着社会的不断变革，对新兴社交媒体的理解和应用也是确保有效社交沟通的重要一环。只有在传统礼仪与现代社交方式相结合的基础上，商务社交的效果才能够得到最大限度的提升。

第二节 中国传统礼仪文化的价值及传承发展

一、价值观念的传承

价值观念的传承是社会文明不断发展的重要保障。通过代际传承，人们将一代代积淀的道德规范、信仰体系和文化认知传递给后人。这样的传承不仅包括家庭内的价值观传承，更涵盖了教育、宗教、文化传媒等方面。

家庭是最早的价值观传承者，父母通过言传身教，将对生活、人际关系、责任等方面的价值观灌输给子女。学校作为社会教育的重要机构，也肩负着价值观念的传递责任。宗教体系通过教义、仪式等方式传承信仰和道德规范，对社会价值观的塑造有着深远的影响。同时，文化传媒通过影视、文学等载体，塑造和传播社会认同、道德标准等价值观。

价值观念的传承不仅维系了社会的文明秩序，也是社会稳定的基础。通过不断传承，人们在面对社会变迁时能够保持一种相对稳定的认知框架，为社会和谐与进步提供了稳定的价值导向。

（一）道德伦理的传承

1. 家庭伦理

传统礼仪强调家庭伦理，注重亲情、友情、师生情等关系，对道德伦理的传承起到了重要的作用。在这一文化传统中，家庭被视为道德价值观念的重要培育场所，而传统礼仪通过规范人们在家庭中的行为，促进了家庭伦理的传承。这种家庭伦理的传承不仅对个体的品德养成产生深远影响，也为社会的和谐稳定提供了坚实的基础。传统礼仪通过强调亲情关系，促使家庭成员建立和谐的亲情关系网。家庭伦理被视为社会基石的重要组成部分。传统礼仪规范了家庭成员之间的相处方式，强调了子女对父母的孝道，夫妻之间的忠诚和互助，兄弟姐妹之间的互帮互助。这种强调亲情关系的文化传统使家庭成员之间更加关心、理解和支持彼此，为道德伦理的传承提供了温暖的土壤。传统礼仪注重友情关系的培养，强调朋友之间的信任和忠诚。在传统礼仪中，友谊被视为一种重要的道德情感，朋友之间的互助、信任和共患难的传统观念被强调。这种友情的培养有助于个体形成正直、忠诚的品格，同时也促进了社会成员之间相互关爱和支持，为道德伦理的传承奠定了坚实基础。传统礼仪对师生关系的规范也在家庭伦理的传承中起到了积极作用。师生关系被赋予了特殊的道德意义，强调师长的教诲和学生的尊敬。这种师生关系的文化传统使家庭中的教育更加注重德育，培养了家庭成员对于知识、道德的重视。这种教育观念在家庭中的传承，使个体更容易形成自律、尊敬知识的良好品质，有助于培养有担当、有责任心的社会成员。家庭伦理的传承不仅体现在人际关系中，还使家庭成员对社会负有强烈责任感。传统礼仪注重对家庭成员的责任和义务的教育，强调个体对社会的贡献和参与。这种家庭伦理的文化传统使个体更容易形成积极的社会责任感，激励人们为社会的和谐稳定贡献自己的力量。在强调传统礼仪对家庭伦理的积极作用时，也需谨慎看待其可能带来的一些局限。传统礼仪中对家庭伦理的强调往往受到固有观念和等级观念的制约，有时可能使某些个体在家庭中感受到过多的束缚，难以实现个性的自由发展。因此，在推崇传统礼仪的同时，也需要注重尊重个体的多样性，为其提供更加宽松的发展空间。

综上所述，传统礼仪通过强调家庭伦理，促进了亲情、友情、师生情等关系的和谐发展。这种家庭伦理的传承不仅在人际关系中发挥了积极作用，也在个体的品德养成、社会责任感的培养中起到了重要的推动作用。在传承并弘扬传统家庭伦理的同时，需认识到其在特定时期可能存在的局限性，从而在社会发展的进程中更好地综合和平衡传统文化的价值与现代社会的需求。

2. 社会责任感

道德伦理的传承在礼仪文化中发挥着重要作用，尤其是通过培养个体对社会的责任感。礼仪文化不仅仅是一种行为规范，更是一种价值观念的传承载体。在这个过程中，社会责任感成为一种核心价值，植根于个体的行为举止之中。这种传承不仅涵盖了对他人的关怀，还包括对社会整体的贡献，构建了一个注重集体利益和推动社会共同繁荣的伦理体系。礼仪文化通过强调尊重他人，培养了个体对社会他人的关怀和同理心。在礼仪的引导下，个体学会了尊重他人的行为规范，将他人的感受和需求纳入考虑范围。这种尊重和关怀不仅仅体现在表面的礼貌举止中，更深刻地影响了个体对他人的态度和情感。通过尊重他人的行为表现，个体逐渐形成了一种以社会为大局，注重团结合作的价值观念。礼仪文化强调了社会责任感的培养，使个体在行为中考虑社会和他人的利益。礼仪不仅仅是一种形式上的规范，更是一种对社会角色和责任的体现。在礼仪文化中，个体通过遵循特定的礼仪规范，表达对社会和他人的责任感。在宴会礼仪中，个体需要关注宾主的身份和地位，合理安排座次和敬酒次序，以维护社会关系的和谐。这种对社会责任的考虑，使礼仪不仅仅是一种个体行为的规范，更是对社会贡献的体现。与此同时，礼仪文化中注重对长辈的尊敬也是社会责任感的一种体现。在礼仪的传承中，个体学会尊重和敬畏长辈，并认识到社会中的长辈具有丰富的经验和智慧。这种尊敬长辈的态度不仅是一种行为规范，更是一种对社会传统和文化的尊重。通过尊敬长辈，个体逐渐领悟到社会责任感的深层次内涵，明白个体行为对社会整体的影响，从而形成一种对社会的尊重和热爱。礼仪文化强调团体协作和社会凝聚力的培养，使个体更加关注集体的利益和共同繁荣。在礼仪的引导下，个体学会了在群体中保持秩序和合作，明白个体的行为会影响整个社会。在团队协作中，个体需要遵循特定的礼仪规范，保持良好的沟通和合作，以实现集体目标。通过这种集体主义的培养，个体逐渐形成一种对社会整体的责任感，强调个体行为与社会共同利益的关系。礼仪文化的传承使个体不仅仅关注自身的言谈举止，更注重对社会问题的关切和参与。礼仪文化培养了个体对社会状况的敏感性，使他们能够关注社会问题，追求社会公正和公平。在一些庆典活动中，个体通过参与慈善捐赠等行为，表达对社会弱势群体的关心和支持。这种对社会问题的关切和积极参与，构建了一个具有社会责任感的伦理体系，推动社会持续向好发展。

礼仪文化通过培养个体对社会的责任感，将其行为纳入社会共同利益的范畴。这种传承不仅仅是一种对行为的规范，更是一种对社会责任和社会关系的理解。社会责任感的培养使个体在行为中不仅仅考虑个人利益，更注重社会整体的繁荣和共同利益。

（二）社交技巧的传承

1. 社交礼仪

在传统礼仪规范中蕴含着丰富的社交技巧，这些技巧的传承对于个体在社会中更加得体地进行人际交往起着重要作用。社交礼仪的传承不仅关乎个体的社会形象，更涉及文化传统的延续和社会关系的和谐。通过学习和传承这些社交技巧，个体能够更好地适应社会环境，建立起良好的人际关系，从而更好地融入社会。传统礼仪规范中的社交技巧有助于培养个体的沟通能力。在社交场合中，良好的沟通是建立和谐人际关系的关键。传统礼仪注重言谈举止的得体，通过学习如何表达自己的意见、倾听他人的观点，个体能够更加自信地参与社交活动。传统的拜访礼仪中，适时的寒暄、真诚的问候等都是培养良好沟通技巧的途径。这些技巧的传承不仅能够使个体在社交中显得得体，更有助于建立深厚的人际关系。社交礼仪的传承有助于培养个体的人际关系管理能力。社会中存在着各种各样的人际关系，包括亲情、友情、师生关系等。传统礼仪规范中蕴含了处理不同关系的技巧，从而帮助个体更好地管理和维护这些关系。在亲属聚会中的长辈问候、朋友间的交往礼仪等，都是培养人际关系管理能力的重要组成部分。通过传承这些技巧，个体能够更好地处理复杂的人际关系网络，使人际关系更加和谐稳定。传统礼仪规范中的社交技巧有助于培养个体的社交自觉性。社交自觉性是指个体在社交过程中的自我调节和自我管理能力。传统礼仪规范注重尊重他人、遵循社会规范，要求个体在社交中保持谦逊、谨慎、有礼的态度。通过学习这些社交技巧，个体能够更加自觉地注意自己的言谈举止，提高社交的自我管理能力。传统的宴会礼仪中，个体需要注意用餐仪态、言谈举止，这些要求都有助于培养社交自觉性，使个体在社交中行为更加得体。传统礼仪规范中的社交技巧有助于培养个体的人格魅力。社交礼仪要求个体在社交中展现出自信、坦诚、真诚的一面，这些特质是人格魅力的重要组成部分。通过学习如何在社交场合中表现得体，个体能够塑造出积极向上的形象，吸引他人的关注与尊重。传统商务场合中的交往礼仪，要求个体表现出专业、有信心的形象，这有助于提升个体的人格魅力。

传统礼仪规范中蕴含的社交技巧在社会中的传承对个体的人际交往和社会融入至关重要。这些技巧的学习不仅仅关系着个体的社交形象，更涉及文化传统的传承和社会关系的和谐。

2. 商务礼仪

商务礼仪是一种重要的社交技巧，它不仅仅涉及个体在商业环境中的形象和表现，更关系着商务合作的成功率。商务社交礼仪的传承是一种文化传统的延续，通过规范的行为准则和交往方式，使个体能够在商业领域中更加得体、自信地展现自己，增强合作伙伴间的信任感和合作愿望。

商务礼仪的传承体现了对商业环境中人际关系的重视。在商务社交中，人际关系的建立和维护对于业务合作至关重要。传统商务礼仪强调尊重、礼貌和正式的表达方式，通过这些规范的行为，建立了良好的人际关系，为未来的商务合作奠定了基础。在商业领域，人们往往更愿意与懂得商务礼仪的人合作，因为这代表着对合作伙伴的尊重和专业态度。

商务礼仪的传承有助于个体在商业交往中提升自身形象和职业素养。商务社交礼仪包括外表仪容、言谈举止、沟通技巧等多个方面，这些方面直接影响着个体在商业场合的形象和职业素养。通过对商务礼仪的传承，个体能够学会如何穿着得体、言谈得体，以及在商务宴请等场合的应对方式，使自己在商业环境中更加引人注目，给人留下良好的第一印象。同时，商务礼仪的传承在跨文化商务合作中具有重要意义。随着全球化的加深，商务交往经常涉及不同文化、背景的合作伙伴。在这种情况下，了解并遵守各种文化的商务礼仪成为合作能否成功的关键。传承商务礼仪不仅仅使个体能够在本土商业环境中脱颖而出，更使其具备了与国际合作伙伴进行有效沟通和交往的能力。这有助于建立跨文化商务关系，提高在国际商业舞台上的竞争力。商务礼仪的传承有助于培养个体在商业谈判中的沟通技巧和处理危机的能力。商务社交往往伴随着各种商业谈判和合作协议的达成。通过商务礼仪的传承，个体学会了如何在商业谈判中保持冷静、清晰地表达意见、妥善处理分歧等沟通技巧。同时，商务礼仪的规范也教导个体在面对商业危机时如何应对，避免不必要的冲突和误解，维护了商业合作的稳定性。

商务礼仪的传承在当代社会中具有重要的意义。这种传承不仅关系着个体在商业环境中的形象，更体现了对商务社交中人际关系、职业技能等方面的重视。随着全球化的发展，商务礼仪的传承对个体在国际商业舞台上的成功至关重要。同时，商务礼仪的传承也有助于培养个体在商业谈判中的沟通技巧和处理危机的能力，为商业合作提供了更为有力的支持。在当今竞争激烈的商业环境中，懂得并传承商务礼仪的个体将更有可能脱颖而出，赢得商业合作的机会。

二、现代社会中的发展

现代社会呈现多方面的发展，首先是科技领域的迅猛发展。信息技术、生物技术等领域的不断创新推动了社会的数字化、智能化转型，改变了人们的生产生活方式，推动着社会朝着更加先进、高效的方向迈进。

全球化的发展使国际联系更加紧密。国际贸易、文化交流、科技合作日益加深，形成了一个相互依存的全球体系。这种全球性的合作推动了经济、文化、科技等多个领域的共同发展。社会结构的变革也是现代社会的显著特征。随着城市化进程的加速和产业结构的升级，人口流动和职业多样化成为社会发展的突出特点。这种变革带来了社会组织形式、劳动关系等多方面的调整。社会价值观念的多元化是现代社会发展的一部分。个性化、平等、环保等价值观逐渐成为社会主流，推动社会向更加开放、多元、包容的方向发展。

综上所述，现代社会在科技、全球化、社会结构和价值观等方面都经历了深刻的发展变革，呈现出复杂而多元的社会面貌。这种发展既给社会带来了新的机遇，也提出了新的挑战，需要全社会共同应对。

（一）道德品质的提升

1. 个体修身

个体修身是传统礼仪中重要的价值观之一，应注重培养个体的道德品质，使其具备正直、宽容、谦逊的品格。这一传承的理念不仅贯穿于中国传统礼仪中，也对个体的品德提升产生了深远的影响。通过注重个体修身养性，传统礼仪为社会提供了一种培养良好品德的有效途径，促使个体在道德层面得以提升。

传统礼仪通过强调个体修身养性，培养了个体的正直品质。正直是道德品质的基石，传统礼仪强调在日常生活中保持真实、坦诚的态度。在与人交往中，传统礼仪规定了尊敬他人、坚守信用的原则，这促使个体在言谈举止中表现出诚实守信、正直无私的品质。通过在家庭和社会中的行为规范，个体逐渐形成了对正直的坚守，使其在道德品质上得以提升。传统礼仪注重宽容品质的培养。宽容是一种在人际关系中包容他人、理解差异的品质，有助于建立和谐社会。在传统礼仪中，应强调尊重长辈、礼让他人，使个体逐渐培养了宽容心态。通过在日常交往中的行为规范，个体学会容忍他人的不足，理解不同文化和价值观之间的差异，形成了具备宽容品质的良好道德风范。传统礼仪强调谦逊品格的培养。谦逊是一种谦虚、不自大的美好品质，使个体能够保持谦卑的态度，对待他人更加谦和。在传统礼仪中，尊敬长辈等规范要求个体保持谦逊的态度。通过这种谦逊的修养，个体逐渐认识到自身的不足，学会虚心接纳他人的意见，形成了谦逊、宽容的品格特质。

修身是传统礼仪注重的核心价值之一，对提升个体道德品质具有重要作用。通过强调正直、宽容和谦逊等品质的培养，传统礼仪为个体提供了在日常生活中塑造良好品德的方向。这种注重个体修身的传承，使传统礼仪成为一种塑造社会品德的力量，不仅在传统文化中起到了价值观传递的作用，也为个体的品德提升提供了实际指导。在当代社会，弘扬个体修身的传统礼仪理念，有助于培养更加具有道德担当和社会责任感的公民，促进社会的和谐稳定发展。

2. 社会责任感

在当今社会，道德品质的提升已经成为社会关注的重要议题之一。其中，社会责任感作为道德品质的重要组成部分，受到礼仪文化的影响，使个体在现代社会中更加注重社会责任感的培养、关心社会公益和可持续发展的问题。

礼仪文化不仅仅是一种传统的社会规范，更是一种引导个体积极参与社会事务、承担社会责任的道德导向。

礼仪文化通过强调其价值观念，植根于社会成员的行为准则中，推动个体更加注重社会责任感的培养。礼仪所体现的尊重、谦逊、关爱等价值观念，对社会责任感的培养产生了深远的影响。个体在遵循礼仪规范的过程中，不仅学会了与他人和谐相处，还在这种相处中认识到对社会的责任。这种责任感不是一种抽象的道德理念，而是通过具体的社会交往培养而来。在尊重他人的同时，个体逐渐意识到自己对社会的影响，从而激发对社会责任的关注和担当。礼仪文化通过倡导的社交礼仪，使个体更加关注社会公益事业。在社交过程中，礼仪规范往往要求个体关心他人的需求，尊重他人的权益。这种关心和尊重不仅仅体现在个体间的直接交往上，更体现在对整个社会的关注上。礼仪文化教导个体要有耐心、体谅和关爱他人，这些品质在社会责任感的培养中具有重要的作用。个体在关注他人需求的同时，也会逐渐关注到社会中一些更广泛的问题，如贫困、环境污染等，从而在日常生活中更加积极地参与社会公益事业，提升个体的社会责任感。礼仪文化所强调的谦逊和自律等品质，有助于个体在面对社会责任时更加理性和成熟。社会责任感并非简单的情感流露，更需要个体具备一定的理性思考和自律能力。礼仪文化通过强调个体应当谦逊待人、严于律己，使个体在面对社会问题时具有冷静思考和理性判断的能力。这种理性和成熟的态度不仅有助于个体更好地理解社会问题的根本原因，更有助于提出切实可行的解决方案，从而更有效地履行社会责任。

礼仪文化对社会责任感的强调是道德品质提升中的重要组成部分。通过价值观念的传承、社交礼仪的培养及个体品质的塑造，礼仪文化引导个体更加注重社会责任感的培养，关心社会公益和可持续发展。这种责任感不仅使个体可以更好地融入社会，更为社会建设和发展注入了积极的能量。在这一过程中，礼仪文化成为塑造社会责任感的道德引导，为个体提供了积极参与社会事务的道德支持。

（二）创新与保守的平衡

1. 文化创新

创新与保守的平衡在文化传承中显得尤为重要。传统礼仪文化作为一种丰富而深厚的文化传统，在传承中展现了一定的创新力，以更好地适应现代社会的需求，从而使其在不断变化的时代中保持生命力。这种平衡不仅是对传统文化的尊重，也是为了使文化在变革中保有其独特的魅力和意义。

文化传承中的创新有助于传统礼仪文化更好地适应现代社会的需求。随着社会的不断发展，人们的生活方式、价值观念和社交习惯都发生了重大变化。传统礼仪文化如果过于保守，可能难以满足现代社会的多元化需求。通过在传承过程中引入一些新的元素和理念，传统礼仪文化能够更好地与当代社会相契合，使其更具包容性和适应性。创新有助于激发文化的活力。如果文化传承一味地保守，可能导致文化陈旧或失去吸引力。通过在传统礼仪文化中注入新的思想、艺术形式或表达方式，可以为文化注入新的生机，使其在时代变革中焕发出新的魅力。这种创新不仅能够吸引年青一代的关注，也能够使传统文化更具活力和影响力。创新并不意味着彻底改变或放弃传统。保守的元素在文化传承中同样具有重要的作用。传统礼仪文化作为历史的瑰宝，承载着丰富的历史和文化内涵。在创新的同时，保守的元素能够保护传统文化的核心价值，使其在变革中不失其独特性。这种平衡可以在保持传统文化本质的同时，使其更好地融入当代社会。创新与保守的平衡也反映了文化传承的动态性。文化不是静止不变的，而是随着时代的推移而发展演变的。通过平衡创新和保守，文化传承得以更好地适应社会的发展，使其能够在变革中保持延续性。这种动态平衡有助于文化的不断更新和发展，使其在不同历史时期都能够发扬光大。

文化传承中的创新与保守的平衡是一种必要而重要的态度。通过在传统礼仪文化中保持一定的创新力，可以更好地适应现代社会的需求，使文化在时代变革中焕发新的生机。同时，保守的元素能够保护文化的本质和核心价值，使其在创新的同时保持传统的独特性。这种平衡反映了文化传承的动态性，使传统礼仪文化在时代的潮流中得以传承与创新共荣。

2. 价值守护

在创新与保守之间找到平衡是传承传统礼仪的关键环节。价值守护作为传承的核心原则之一，要求我们在创新的推动下，依然保持对传统文化根本价值的坚守，以确保传承的延续与发展。这种平衡的追求涉及对传统和现代的理解、对过去和未来的关注，以及对核心价值的持续尊重。

在创新的潮流中，传承往往面临着对传统价值观的冲击。社会的快速变革和科技的飞速发展使人们对新事物的接受速度加快，传统文化面临着被边缘化的风险。价值守护强调的是对核心价值的坚守，即使在创新的浪潮中，也要保持对传统文化价值的深刻理解和珍视。这种守护并非僵化守旧，而是要求在创新中找到传统价值新的表达方式，让其在当代社会仍然具有现实意义。核心价值的守护不仅仅是对传统的固守，更是对文化基因的传承创新。传承中的平衡要求我们明确核心价值是传统文化的灵魂，是不可动摇的基石。通过对核心价值的守护，我们能够确保传承的稳健性和持续性。这并不意味着排斥一切新的元素，而是要在新的元素中发现与核心价值相融合的可能性。只有通过对核心价值的持续守护，传承才能在创新的推动下不失传统的根本。传承中的平衡还需要对当代社会的理解，以确保传统价值在新的环境中依然具有活力。随着社会的不断发展，人们的生活方式、价值观念也在发生变化。在这个过程中，传承不仅仅是对过去的回顾，更是对现代社会的理解和应对。传承者需要敏锐地洞察社会变革，将传统文化的价值与当代社会的需求相结合。这种融合并不是对传统的简单套用，而是一种创造性的继承，使传统文化在当代社会焕发新的生机。与此同时，平衡还涉及对未来的关注。传承不仅仅是对过去的延续，更是对未来的投资。在创新的过程中，我们需要思考传承如何为未来社会做出更大贡献。这意味着不仅要守护传统的珍宝，还要培育新的文化力量，使传承更具活力。通过对未来的思考，我们能够更好地引导创新的方向，确保传承不仅仅是对过去的致敬，更是对未来的期许。

价值守护是传承中平衡创新与保守的关键。这种平衡要求我们在创新的推动下，依然能够保持对传统文化根本价值的坚守。这不是对传统的僵化固守，而是通过对核心价值的深刻理解和守护，使传承在创新的浪潮中找到平衡点。只有通过对核心价值的持续守护、对当代社会的理解及对未来的关注，我们才能够实现礼仪文化传承的延续与发展，让文化的瑰宝在不同时代都能够熠熠生辉。

第三节　中国传统礼仪文化价值实现的突出问题与成因

一、价值实现的突出问题

价值实现过程中存在的突出问题主要体现在价值观念的多元化和社会变革的影响两个方面。随着社会的不断发展，人们对价值的理解和追求呈现多样化趋势。不同文化、不同群体之间存在着差异性的价值观，因此，在实现个体价值时，可能面临来自社会环境的不同期望和压力，导致其困扰和冲突。

社会变革带来的影响也成为价值实现的突出问题。科技进步、经济发展等因素使社会结构和生活方式发生变化，个体需要不断适应新的环境。在这一过程中，可能出现原有价值观念与新社会背景之间的矛盾，个体面临着如何平衡传统价值和现代生活的困扰。因此，解决价值实现的突出问题需要社会关注和引导个体在多元文化中保持理性，同时培养个体适应社会变革的能力，以促进更为全面、协调的价值实现。

（一）现代社会冲击

1. 价值观碰撞

传统礼仪文化在现代社会面临着多元化和开放化的挑战，传统价值观与现代观念之间产生了碰撞。这种碰撞源于现代社会的快速变革和多元文化的交融，导致传统礼仪文化在适应现代社会的同时，也面临着对其价值观念的重新审视和调整。

现代社会的多元化使传统礼仪文化的价值观在不同文化背景中发生碰撞。传统礼仪文化往往根植于特定历史时期和社会环境，其价值观念在现代社会中可能与其他文化观念相悖。现代社会日益强调个体主义，而传统礼仪文化中更多强调的是集体主义和家庭责任观念。在多元文化交融的背景下，不同价值观念之间的碰撞成为社会中的一种普遍现象，引发了对传统礼仪文化的质疑和重新思考。

现代社会的开放化使传统礼仪文化面临着外部文化的冲击。随着全球化的推进，不同国家和地区的文化相互渗透，使传统礼仪文化面临着来自外部的文化冲击。外来文化中的新观念、新价值往往挑战传统礼仪文化的既定观念，尤其是在信息技术高度发达的今天，文化的传播变得更加广泛和迅速。这种开放化带来的文化冲击，使传统礼仪文化在接受新文化的同时，也面临着如何保持独特性和传统性的难题。社会结构的变革和生活方式的多样化也对传统礼仪文化的价值观提出了挑战。传统礼仪文化往往是在特定的社会结构和生活方式下形成的，而现代社会的变革导致了社会结构的复杂化和生活方式的多元化。传统礼仪文化中对职业和社会地位的明确规定，在现代社会中可能受到对个体自由选择和多样性的追求的质疑。这种变革带来的社会结构和生活方式的多元化，使传统礼仪文化的价值观在适应现代社会时需要进行调整和变革。在现代社会中，传统礼仪文化所强调的尊卑有序等观念在一些方面可能与现代社会的价值观产生冲突。在性别平等、个体自由、多元文化共存等方面，传统礼仪文化的某些观念可能显得过于保守，难以适应现代社会对平等和多元的要求。面对现代社会的冲击，传统礼仪文化做出调整以实现其价值。传统礼仪文化中强调的家庭责任、孝道、友情等观念在现代社会中仍然有其独特的价值。家庭作为社会的基本单位，在传统礼仪文化中被赋予了重要的责任和使命。在现代社会中，尽管生活方式多样化，但家庭对于个体的情感支持、社会责任等方面仍然起着不可替代的作用。因此，传统礼仪文化中关于家庭伦理的一些观念仍然具有启发和指导现代社会的作用。

现代社会对传统礼仪文化提出了多方面的挑战，价值观念之间的碰撞使得传统文化面临调整和变革的压力。在认识其局限性的同时，也需要在传统文化的基础上发掘其积极价值，通过与现代社会的对话和融合，推动文化的创新和发展。这样，传统礼仪文化可以在适应现代社会的同时，保持其独特性，为社会的和谐发展提供有益的文化支持。

2. 全球化挑战

全球化的浪潮对传统礼仪构成了一系列挑战，使传统礼仪在现代社会中面临着实际应用上的问题。全球化的影响使各种文化相互交融，社会结构发生变革，这对传统礼仪的传承、理解和应用提出了新的考验。在这一全球化背景下，传统礼仪不再仅仅局限于本土文化，而是需要更加灵活地适应多元文化的交汇，以维持其在社会中的地位。

随着信息和人员的跨国流动，不同文化在全球范围内相互影响和融合。在这个过程中，传统礼仪可能面临着对其本土性的挑战。某些传统的宴会礼仪可能在国际社交场合中显得不合时宜。这就要求传统礼仪在应对全球化的冲击时，需要保持开放心态，接纳并适应其他文化元素，以更好地适应多元文化的社会背景。全球化带来的多元文化影响，使传统礼仪的含义和标准变得更加复杂和多样化。不同文化对礼仪的理解和应用存在差异，因此，传统礼仪在全球化的背景下需要更加灵活地适应不同的文化背景。某种国家的特定礼仪在另一种文化中可能被误解或被认为不合适。在这种情况下，传统礼仪需要在保持其传统特色的同时，根据不同文化的需求进行灵活调整，以确保在跨文化交往中不产生误解或冲突。同时，全球化也加速了社会结构的变革，使传统礼仪在现代社会中的地位受到挑战。传统礼仪往往根植于历史和传统的土壤中，随着社会的变革，某些传统礼仪可能不再适应现代社会的需求和价值观。在家庭结构和职业发展方面的变化可能导致传统家庭聚会的方式和礼仪失去实际意义。因此，传统礼仪需要在全球化的冲击下审时度势，进行适度的调整和更新，以符合现代社会的发展趋势。全球化也提升了信息传播的速度和广度，使传统礼仪更容易受到外部文化的冲击，甚至产生误解。在信息时代，社交媒体和全球性媒体的普及使不同文化的礼仪标准更容易被传播和对比。一些传统礼仪可能因为被断章取义或过于夸张的呈现而被误解，失去其真实的文化内涵。因此，在全球化的冲击下，传统礼仪需要更主动地参与文化传播，以确保其真实的形象被准确传达，避免因为信息失真而导致文化认知的混淆。全球化还加剧了社会的快节奏和多样性，使传统礼仪在应对现代社会的压力时可能显得过于无力。在商务社交中，传统的正式礼仪可能无法适应迅速变化的商业环境，而需要更加灵活和实用的社交方式。因此，传统礼仪需要在全球化的冲击下进行创新，结合现代社会的特点，以更好地服务于社会成员的实际需求。

全球化对传统礼仪产生了多方面的挑战。传统礼仪需要在全球化的冲击下保持开放心态，适应多元文化的交汇，保持其在社会中的合理地位。在此过程中，传统礼仪既要保持其独特性，又要灵活适应不同的文化和社会需求，以确保其在现代社会中的实际应用。

（二）社会变革引发的问题

1. 家庭结构变化

社会结构的变革对家庭结构产生了深刻的影响，引发了一系列问题。随着社会的发展，传统的家庭观念和结构正在发生变化，这种变革使传统礼仪在家庭关系中可能不再适用。家庭作为社会的基本单位，其结构和功能的变化不仅涉及个体的生活方式，还对社会整体产生了重要的影响。在这一过程中，一些传统的家庭观念和礼仪规范面临着新的挑战，需要与时俱进地进行调整和适应。

社会结构变革引发了家庭角色的重新定义。在传统家庭观念中，父亲通常承担经济责任，母亲负责家务和子女教育，家庭成员之间的角色分工相对明确。随着女性社会地位的提升、家庭职责的重新分配，家庭角色发生了很大变化。在现代社会中，父母在家庭中的责任和角色不再受到传统观念的束缚，而是更加灵活和平等地面对家庭职责。这一变化使传统礼仪中固有的家庭角色划分面临挑战，因而个体需要重新审视和理解自己在家庭中的地位和责任。社会结构的变迁使家庭成员的个体需求更加多元化。在传统的家庭观念中，个体的需求和期望相对一致，强调家庭整体的利益和稳定。在现代社会中，个体的多元化需求越发凸显。家庭成员可能拥有不同的职业、兴趣、追求，个体的独立性和自主性更为突出。这种情况下，传统礼仪中对家庭成员的期望和规范可能显得过于僵化，需要适应个体多元化的需求。在传统家庭中，长辈对晚辈的期望往往较为固定，而现代社会中个体的发展路径更加多样，家庭关系需要更加灵活地适应个体的个性和选择。

社会结构的变革还影响了家庭内部的权力和决策关系。传统家庭观念中，父母通常拥有更大的决策权和家庭资源的掌控权，强调家长的权威。在现代社会中，家庭成员之间的平等和尊重更加受到重视，个体的自主权得到强化。这种变化可能导致传统礼仪中的尊卑有序观念受到挑战，个体更倾向于平等、民主的决策方式。

2.职业多样性

职业多样性是当代社会变革中的一个显著特征，它不仅丰富了个体职业的选择，同时也带来了新的社会交往和礼仪挑战。在这一背景下，个体需在不同职业场合面对不同的礼仪要求，而传统礼仪可能无法完全覆盖现代职业生活的多样性。这种职业多样性引发的问题往往涉及个体在职业生涯中如何处理礼仪与职业要求的关系，以及如何在不同职场环境中保持自己的社交形象。

职业多样性对传统礼仪提出了更高的灵活性和适应性要求。在传统社会中，许多职业场合都有着明确的礼仪规范，人们可以按照固定的模式行事。但随着职业多样性的增加，不同行业、不同职业领域的人们面临着不同的礼仪挑战。在技术行业，可能更注重开放的沟通和扁平化的管理，而在金融领域，可能更强调传统的正式沟通和商务礼仪。因此，个体需要具备更大的灵活性，学会在不同职场环境中运用合适的礼仪规范，以适应多元化的职业生活。职业多样性对个体的社交技能提出了更高的要求。在不同职业场合，人们需要展示不同的社交技能，包括但不限于沟通、协商、团队协作等方面。在高度多元化的职业生涯中，个体需要灵活运用各种社交技巧，与不同背景、不同职业领域的人进行有效的交流。这就要求个体具备更强的人际沟通能力和社交技能，以应对职业多样性带来的各种社交场景。同时，职业多样性还可能引发个体身份认同和价值观的挑战。在传统社会中，职业和身份往往紧密相连，人们通过职业来塑造自己的社会形象。在当今社会，职业多样性使个体可能会在不同领域从事多种职业，或者频繁变换工作。这种情况下，个体可能会面临对自己职业身份认同的困扰，需要适应多重身份的转变。同时，不同职业领域的工作价值观可能存在较大差异，个体需要思考如何在这样的环境中保持自己的核心价值观，以维护自身的职业道德和品格。职业多样性也对传统礼仪的传承提出了挑战。在传统社会，特定行业往往有着固定的礼仪规范，这种传统礼仪在职业多样化的时代显得不够灵活和适应。个体可能需要重新审视传统礼仪，根据自己所处的职业环境进行调整和变革。这对传统礼仪的传承提出了更高层次的要求，需要更加注重创新和与时俱进，以适应现代职业生活的多样性。

职业多样性带来了新的社会交往和礼仪挑战，对个体的灵活性、社交技能、身份认同和传统礼仪传承提出了更高的要求。在这个职业多样性的时代，个体需要不断地学习和适应，培养自己的多元技能，以更好地适应职业生活的多样性，保持良好的社交形象和职业道德。

二、成因分析与应对策略

成因分析与应对策略是解决问题和应对挑战的关键步骤。深入分析问题成因是解决难题的基础。通过认真研究问题根源，明确问题产生的原因，有助于更准确地制定解决方案。制定科学的应对策略是解决问题的有效途径。根据问题的性质和成因，制订具体可行、系统性的应对计划，包括短期和长期的措施，以确保问题能够得到全面解决。同时，灵活调整策略是应对变化的关键，可随时根据实际情况进行调整和优化。在执行应对策略的过程中，不断总结经验教训，形成有效的反馈机制。这有助于更好地理解问题演变流程和应对过程中的不足之处，为未来类似问题的处理提供更为科学和经验丰富的参考。因此，成因分析与应对策略的有机结合是解决问题、提高应对效能的关键步骤。

（一）价值观念更新

1.教育推动

教育是推动价值观念更新的关键手段之一。通过制订教育计划，教育系统可以在培养新一代公民的过程中促进传统礼仪文化与现代价值观的融合，提高传统礼仪的适应性。这一过程不仅有助于传承和弘扬传统文化，也为个体提供了更好地适应当代社会的认知和行为准则。通过在教育中融入传统礼仪元素，可以更好地引导学生形成积极向上的人生观和价值观，推动社会价值观念的更新。

在教育过程中，有目的地将传统礼仪元素融入课程设计和教学内容，可以使学生更深入地了解传统文化的内涵。在历史和文学课程中，可以通过讲解古代仪式、礼仪规范等内容，使学生对传统礼仪文化有更为全面的认识。同时，通过将现代社会现象和价值观相结合，引导学生思考传统礼仪在当代社会的价值和意义，实现传统与现代的融合。通过教育系统推动传统礼仪文化的传承，可以培养学生对传统文化的认同感。教育计划包括参与传统节庆、仪式等实际体验，使学生更加深刻地感受到传统礼仪文化的魅力。这种亲身体验有助于激发学生对传统文化的兴趣，增强对传统礼仪的认同感。通过参与传统仪式，学生能够更加深入地理解传统文化所包含的道德观念和价值理念，形成对传统礼仪的深厚情感，从而更自觉地传承和弘扬传统文化。通过制订教育计划，教育系统可以培养学生的批判性思维，使其能够理性审视传统礼仪文化，并在融合现代价值观的过程中形成独立的观点。教育应该注重引导学生思考传统礼仪背后的文化逻辑，帮助他们理解传统文化的复杂性和多元性。通过对传统礼仪文化进行批判性分析，学生可以更好地理解其中蕴含的价值观念，并在融合现代价值观时保持理性和客观的态度。这有助于培养学生具备辨别、分析和评价不同文化观念的能力，使其在面对复杂多变的社会现实时更具适应性和包容性。教育系统通过推动传统礼仪文化与现代价值观的融合，来培养学生的跨文化交流能力。在全球化的今天，不同文化的交流与融合成为常态，培养具备跨文化交流能力的人才显得尤为重要。通过教育计划引导学生了解和尊重不同文化背景下的礼仪差异，使其具备在国际舞台上有效沟通与合作的能力，这有助于打破文化隔阂，促进跨文化理解与合作，培养更具全球视野的未来公民。

通过制订教育计划，教育系统可以有效推动传统礼仪文化与现代价值观的融合，增强传统礼仪的适应性。这一过程不仅有助于传承和发扬传统文化，也为个体的全面发展提供了有益的引导。通过教育推动价值观念的更新，社会将更好地应对时代变革，培养具备传统文化底蕴和现代思维能力的新一代公民。

2. 宣传推广

当今社会，价值观念的更新已成为社会发展的关键驱动力之一。在这一背景下，宣传推广传统礼仪的精髓成为一项重要任务，旨在弘扬传统礼仪在当代社会中的实际应用和价值。通过媒体的力量，传统礼仪的核心概念得以传递，以期在当代社会中引导人们重新认识、理解并运用传统礼仪的智慧，从而推动社会价值观的更新与发展。

通过媒体宣传传统礼仪的精髓，可以使这一传统文化在当代社会中得到更广泛的认知。媒体作为信息传播的主要渠道，具有广泛的覆盖面和强大的传播力。通过利用各类媒体平台，如电视、广播、互联网等，传统礼仪的核心价值观可以被更多的人群接触和了解。通过生动形象的展示和解说，人们有机会深入了解传统礼仪的内涵，认识其在历史文化中的重要地位。这种广泛的认知有助于打破传统礼仪陈旧、过时的固有印象，使其焕发新的生命力，成为当代社会价值观更新的一部分。媒体宣传可以弘扬传统礼仪在当代社会的实际应用。通过展示传统礼仪在不同场合的运用，媒体可以向社会传递传统礼仪的灵活性和适应性。在商务场合中，传统的尊敬和谦卑之风仍然具有实际的价值；在家庭生活中，传统礼仪可以促进家庭成员之间的和谐相处。通过呈现具体案例和真实故事，媒体宣传有助于让人们认识到传统礼仪并非空泛的理念，而是可以在当代社会中付诸实践的宝贵财富。这种实际应用的宣传有助于引导人们在日常生活中更加积极地运用传统礼仪，促使其在社会中发挥更为积极的作用。通过媒体宣传传统礼仪的价值，可以促进社会对这一文化遗产的重视和传承。传统礼仪作为历史文化的重要组成部分，承载着丰富的文明智慧。由于社会变革和现代化的推进，传统礼仪有时被认为已经逐渐淡出人们的视野。通过媒体的宣传，可以唤起社会对传统礼仪的关注，让人们重新认识和珍视这一文化遗产。这种关注不仅体现在个体层面，也有望引导社会机构和教育体系更多地融入传统礼仪的元素，促使其在更广泛的范围内传承和发展。

通过媒体宣传传统礼仪的精髓，可以在当代社会中推动价值观念的更新。这不仅有助于传统礼仪在社会中得到更广泛的认同，也通过实际应用的展示，促使传统礼仪在当代社会中发挥实际作用。同时，宣传还能够引起社会对传统礼仪的关注和重视，促进其在社会机构和教育体系中的传承。这样的宣传推广有望使传统礼仪在当代社会中焕发新的生命力，为社会价值观的更新提供有益的启示和借鉴。

（二）社会变革的应对

1. 文化更新

社会变革是不可避免的，而应对这种变革的一种有效方式是适度的文化更新。在传承传统礼仪的同时，进行文化更新能够使传统礼仪更贴近现代社会的需要，更好地满足人们在不断变化社会环境中的需求。这种应对社会变革的策略旨在保持文化的传承性和活力，使传统礼仪在新的时代焕发出更为独特和有活力的面貌。

文化更新能够使传统礼仪更贴近现代社会的价值观念。随着社会的不断发展，人们的价值观念和观念体系也在发生变化。传统礼仪若仍停留在过去的价值取向上，可能无法与现代社会的理念相契合。通过适度的文化更新，可以在保持传统礼仪核心价值的基础上，融入一些符合当代价值观的元素，使其更能引起现代人的共鸣和认同。文化更新有助于传统礼仪更好地适应社会结构和组织形式的变化。随着社会的演进，组织结构、社交方式等方面也发生了根本性的改变。传统礼仪如果不能跟随这些变化进行更新，可能在实际应用中显得过时和不实用。通过文化更新，可以使传统礼仪更好地适应现代社会的组织结构和人际关系，使其在实际生活中更具实用性和适应性。文化更新还能够激发传统礼仪的活力。在文化传承的过程中，如果过于保守，可能导致文化陈旧或失去吸引力。适度的文化更新能够为传统礼仪注入新的元素和理念，使其更具现代感和时尚感。这种创新能够吸引更多的人关注传统礼仪，使其在社会变革中保持新鲜和吸引力。需要注意的是，文化更新并非彻底的变革或放弃传统。传统礼仪所蕴含的历史和文化内涵是不可替代的，过于激进的文化更新可能导致文化的失真和丧失独特性。因此，在文化更新的过程中需要找到保留与创新的平衡点，既要注重创新，又要保留传统的核心价值和传承精神，以确保文化更新不失传统文化的根基。

综上所述，社会变革需要一种灵活而有力的应对策略，而适度进行文化更新是其中的一种有效手段。通过文化更新，传统礼仪能够更贴近现代社会的需求，更好地适应社会结构和组织形式的变化，激发新的活力，使其在时代变革中保有独特性和生命力。这种平衡的文化更新策略有助于传统礼仪在社会变革中保持传承与创新的动态平衡，使其在新的时代中继续发挥重要作用。

2. 家庭教育

在社会变革的潮流中，加强家庭教育成为应对挑战的关键举措。这不仅涉及个体在家庭关系中的应对能力，更关乎培养适应现代社会的家庭观念。家庭教育的有效加强不仅可以帮助个体更好地应对社会的变革，还有助于建设更加健康和和谐的社会。家庭教育在社会变革中扮演着至关重要的角色。家庭是个体最早接触社会的场所，是塑造个体价值观和养成行为习惯的"温床"。在社会变革中，家庭承担着传承传统文化、适应新生活方式的双重责任。通过加强家庭教育，我们能够使家庭成为一个有利于个体成长和发展的环境，培养个体更好地适应社会的能力。个体在家庭关系中的应对能力至关重要。社会的变革往往伴随着各种压力和挑战，而家庭是个体面对这些压力和挑战的第一阵地。通过加强家庭教育，培养个体在家庭关系中的沟通、合作、妥协等应对能力，其能够更加灵活地应对社会的各种变革。这不仅有助于个体在家庭中建立健康的人际关系，还能够为其未来在社会中的发展打下坚实的基础。同时，家庭教育也需要注重培养适应现代社会的家庭观念。随着社会的发展，家庭结构和家庭角色发生了巨大的变化，传统的家庭观念也在不断演变。加强家庭教育需要让个体理解并接受这些变化，培养其开放、包容的家庭观念。这包括对性别平等的认同、对多样化家庭形式的尊重，以及对个体自主发展的支持。适应现代社会的家庭观念有助于家庭更好地适应社会的变革，为个体提供更为健康的成长环境。家庭教育的加强还需要注重家庭成员之间的情感沟通。社会变革往往伴随着情感关系的复杂化和多样化。在这个背景下，个体需要具备更强的情感管理和沟通能力，以更好地适应家庭中的变化。家庭教育可以通过培养沟通技巧、情感表达等方面的能力，使个体更好地处理家庭中的情感问题，建立更加稳固的家庭关系。

加强家庭教育是应对社会变革的一个重要策略。通过培养个体在家庭关系中的应对能力，强化适应现代社会的家庭观念以及注重情感沟通和管理，我们能够使家庭成为一个更加健康、和谐的生活单元。这不仅有助于个体更好地适应社会的变革，也能够为社会建设提供更为稳定和有活力的基石。在加强家庭教育的背景下，我们有望培养出更具有适应性和创造力的个体，为社会的可持续发展注入新的活力。

第四章　中国传统礼仪文化与社会主义核心价值观的契合

第一节　社会主义核心价值观的概念

一、社会主义核心价值观的内涵

社会主义核心价值观是中国特色社会主义制度的基本理念，体现了社会共同的道德信仰和价值追求。其内涵包括富强、民主、文明、和谐、自由、平等、公正、法治、爱国、敬业、诚信、友善。

这一核心价值观强调了国家富强的追求，倡导人民内外兼修、全面发展。民主和法治体现了社会公平与正义的追求，文明和和谐强调了个体与社会的协调共生。自由、平等、公正则是对个人权利和社会公平的关切，而爱国、敬业、诚信、友善则强调了社会成员的责任和良好品德。

这些价值观构成了中国社会主义的道德基石，指导着公民行为、法治建设、文化传承等多个层面。社会主义核心价值观的内涵体现了全体人民对共同利益和全面发展的追求，为社会建设提供了精神支持和道德引领。

（一）富强、民主、文明、和谐

1. **国家富强**

国家富强是社会主义核心价值观的一个重要方面，而传统礼仪文化在这一价值观中应发挥促进个体奉献精神、为国家繁荣贡献力量的作用。社会主义核心价值观强调的国家富强包括经济的繁荣、科技的发展及文明的提升。传统礼仪文化作为中国千年文化传统的重要组成部分，应当在现代社会中与社会主义核心价值观相互融合，发挥其独特的作用，促进国家的富强。

传统礼仪文化应弘扬奉献精神，激发个体为国家富强而努力的热情。在传统礼仪文化中，应强调个体对家庭、社会和国家的奉献精神。通过礼仪的规范和传承，个体被引导并培养出一种为国家贡献力量的思想观念。传统礼仪文化中对孝道、忠诚、忍让等价值观的强调，有助于激发个体为国家发展而努力工作、学习、创新的热情。传统礼仪文化强调社会和谐，为国家的富强奠定了重要的社会基础。社会主义核心价值观中的国家富强不仅包括经济的繁荣，还涉及社会的稳定与和谐。传统礼仪文化中强调的尊卑有序、家庭和睦、邻里友善等观念有助于构建和谐的社会关系，减少社会矛盾，为国家的富强创造了良好的社会环境。在这一过程中，传统礼仪文化可引导人们注重社会责任，积极参与社会事务，推动社会的和谐稳定发展。同时，传统礼仪文化还注重教育和道德的传承，有助于提升国家的文明水平。国家的富强不仅体现在经济和科技上，还包括文明程度的提升。传统礼仪文化通过教化人们注重文明修养、尊重他人、注重道德伦理，培养公民的文明素养。这种文明观念的传承对社会的整体文明水平的提高有着积极的作用，进而促进国家的富强。传统礼仪文化注重家庭伦理的培养，有助于培养健康向上的家庭环境，为国家的富强提供了有力支持。家庭是国家的基本单元，家庭的和谐与稳定直接关系到整个国家的稳定和发展。传统礼仪文化通过规范家庭成员之间的相处方式、强调亲情关系、注重子女对父母的孝道，有助于建立和谐的家庭环境。这种和谐的家庭环境培养家庭成员积极向上的价值观念，为国家提供了有力的人才和后继力量，推动国家不断向前发展。需要注意的是，传统礼仪文化在与社会主义核心价值观相互融合的过程中，也需要进行合理的解读和调整。在国家富强的同时，需要保障个体的权益和自由，注重社会的公平和公正。传统礼仪文化中一些过时的观念需要与现代社会的需求相协调，以确保国家的富强建立在全体公民的共同繁荣和幸福之上。

综上所述，传统礼仪文化应在现代社会中与社会主义核心价值观相互融合，通过弘扬奉献精神、促进社会和谐、提升文明水平、培养健康家庭等方面为国家的富强做出积极贡献。通过这样的文化传承与创新，传统礼仪文化可以为国家的全面发展提供有益的文化支持，实现国家富强、民主、文明和谐的目标。

2. 人民民主

富强、民主、文明、和谐是社会主义核心价值观的四大基本要素，其中人民民主是社会主义建设的重要内容。传统礼仪在这一背景下起着关键性作用，通过培养公民参与社会事务和表达意见的思想观念，为实现人民民主提供了有力的支持。这种支持不仅仅表现在个体行为的规范上，更涉及对整个社会体系的规范和引导，为构建社会主义核心价值观所强调的富强、文明和和谐的社会环境奠定了基础。

传统礼仪通过规范公民参与社会事务的方式，促进了人民的有效参与。在传统礼仪中，公民参与社会事务往往需要遵循一定的规范和程序，这有助于维护社会秩序和公平公正。在一些宴会或庆典场合，人们需要遵循特定的礼仪规范，以维护社交场合的和谐。对参与行为的规范化，使人民能够在社会事务中以有序的方式进行参与，确保了每个公民的权益得到尊重，为人民民主的实现提供了规范和制度保障。传统礼仪通过规范表达意见的方式，培养了公民对社会事务参与的积极性。在社会主义建设中，公民对社会事务的积极参与是实现人民民主的重要路径。传统礼仪中强调的言行规范和表达方式，为公民提供了合理的表达途径，使人们在表达意见时更加理性和有序。在一些重要场合，公民需要通过正式的言辞或仪式来表达自己的意见，这不仅有助于维护社会的稳定，还促进了民主决策的合理性和科学性。同时，传统礼仪中的尊重和谦虚的价值观也有助于构建平等、民主的社会氛围。在传统礼仪中，人们被教导要尊重他人的意见和立场，不轻易妄加批评或攻击。这种尊重他人的态度培养了公民的包容心和理解力，为建设一个平等对话的社会创造了条件。在这样的社会氛围中，人们更愿意相互倾听和理解，形成更加开放、平等的社会交往模式，有利于人民的民主参与和社会的和谐发展。

传统礼仪在强调家庭观念和家庭伦理的同时，也间接促进了公民对社会大事的关注和参与。在传统礼仪中，强调家庭的和谐和孝道，使公民更加关心社会的稳定和发展。家庭观念的传承促使人们更加注重社会事务的发展，从而形成对社会整体的积极参与态度。这种关注社会大事的态度有助于推动人民更加主动地参与社会事务，形成了对国家繁荣和富强的积极期盼，为富强这一社会主义核心价值观的实现提供了动力。

传统礼仪通过规范公民参与社会事务和表达意见的方式，为实现人民民主提供了有力支持。在社会主义核心价值观的引导下，传统礼仪不仅仅是一种行为规范，更是对社会公平、和谐理念的传承。在全面建设社会主义现代化国家的征程中，传统礼仪在引导人们理性参与社会事务、表达意见的同时，也为构建一个富强、文明、和谐的社会环境奠定了基础。

（二）自由、平等、公正、法治

自由平等是社会主义核心价值观的基本理念，强调个体在社会中享有自由、平等的权利。传统礼仪文化同样注重尊重他人，培养个体自由平等的观念。这两者之间的关系在社会发展中越发凸显，自由平等的理念在传统礼仪中的体现不仅有助于促进社会的公正和法治，还为个体提供了在多元社会中和谐共处的基础。

自由平等与传统礼仪文化的融合体现在对个体尊重的原则上。传统礼仪文化强调尊重他人，倡导在社会交往中彼此尊重、平等相待。这与社会主义核心价值观中的自由、平等原则相契合，共同构建了一个尊重个体、平等相待的社会基调。在传统礼仪中，不论社会地位高低，人们都被教导要尊重他人的权利和尊严，这与自由平等的理念相一致。通过在礼仪中培养尊重他人的观念，社会可以构建一个基于平等和相互理解的社交环境。传统礼仪文化在家庭、学校等教育机构中培养个体的自律和责任心，为社会自由平等的实现提供了个体素养的基础。传统礼仪注重培养个体的品德修养，强调自律、守纪守法的原则。这种培养方式有助于个体在社会中更好地履行公民责任，形成稳定的社会秩序。自由平等并非绝对的个体放任，而是在社会规范和法治框架下的个体自由。传统礼仪的培养方式有助于个体树立法治观念，明确自由的边界，遵守社会规范，实现个体自由在社会秩序中的良性表达。同时，自由平等和传统礼仪文化共同强调个体与社会的关系。自由平等并非孤立的自由，而是在社会互动中实现的个体自由。传统礼仪文化教导个体要在社会中扮演积极的角色，为社会发展贡献力量。这种教育有助于个体理解自己的自由权利应当在社会中与他人的权利相协调，从而形成社会秩序的基础。自由平等与传统礼仪文化在强调个体自由的同时，也强调了个体与他人、社会的互动与合作，为社会的和谐稳定提供了思想基础和道德支持。自由平等和传统礼仪文化的共融还在家庭关系、社会交往中培养了个体的感恩心态。传统礼仪文化强调对长辈的敬重和对他人的感激之情，这与自由平等的理念相辅相成。个体在体验到自由平等的同时，也应当怀有感恩的心，明白社会给予的机会和权利都需要用责任和奉献来回报。通过在传统礼仪中培养感恩的品质，社会可以形成一种向善向上的社交风气，促进人际关系的和谐与共融。

自由平等与传统礼仪文化在社会价值观念和道德规范上有着内在的一致性。两者共同强调尊重、平等的观念，为社会的和谐发展提供了共同的价值基石。自由平等的理念为传统礼仪文化注入了更为广阔的社会视野，而传统礼仪文化则在自由平等的框架下传承了尊重他人、培养责任心的传统观念。在社会主义核心价值观的引导下，自由平等和传统礼仪文化的融合有望推动社会朝着更为公正、法治的方向发展，构建一个尊重个体、和谐共处的社会。

二、传统礼仪文化与社会主义核心价值观的契合

传统礼仪文化与社会主义核心价值观在价值观念中有许多契合之处。崇尚和平、和谐是传统礼仪文化与社会主义核心价值观的共同点。传统礼仪注重以和为贵，强调和睦相处，而社会主义核心价值观也倡导构建和谐社会，推崇人与人之间的和谐关系。

弘扬家庭观念是两者的共同目标。传统礼仪文化强调家庭的重要性，注重家族伦理和亲情，而社会主义核心价值观也强调家庭的基础作用，提倡家庭和睦、关爱亲情。尊重老人、敬重师长是传统礼仪与社会主义核心价值观的共通之处。传统礼仪文化重视对长辈的敬仰，社会主义核心价值观也强调

尊老爱幼，推崇社会各阶层的相互尊重和关爱。

传统礼仪文化与社会主义核心价值观在强调和谐、家庭观念、尊重长辈等方面相契合。这种契合有助于在社会发展中传承传统文化的精髓，同时实现与时俱进的社会价值观念。

（一）社会责任感与道德修养

1. 社会责任感

社会责任感是社会主义核心价值观的重要组成部分，而传统礼仪则在强调个体的社会责任方面发挥着深远的作用。两者相互交融，共同促使个体更好地履行社会职责。社会责任感不仅仅是一种道德修养，更是社会和谐发展的基石。通过传统礼仪的引导，个体在社会责任感的培养变得更加积极，形成更加积极向上的社会关系和行为准则。

社会主义核心价值观强调社会责任感，使个体认识到自己在社会中的地位和责任。社会主义核心价值观将社会责任感视为公民应当具备的重要品质之一，强调个体应当为社会的和谐发展贡献力量。这种理念与传统礼仪中注重个体社会责任的价值观相契合。传统礼仪规范强调孝道、敬老、尊师等，通过这些规范，个体逐渐意识到自己在家庭和社会中所承担的责任，进而形成社会责任感。这种责任感的培养有助于个体建立正确的社会价值观，使其更好地履行社会角色，为社会和谐做出积极贡献。传统礼仪注重个体的社会责任，通过规范行为举止，引导个体树立正确的社会道德观念。在各种社交场合中，传统礼仪规范都要求个体应尊重他人、礼让他人，强调个体在社会交往中应当考虑他人的感受。这种道德观念的培养有助于个体在社会中建立良好的人际关系，促进社会和谐与稳定。社会责任感的培养也体现在个体对社会公共事务的参与中。社会主义核心价值观强调公民应当积极参与社会建设和公益事业，为实现共同利益而努力。传统礼仪中也包含了对社会公共事务的关注和参与。在古代，孔子提倡"仁政"，强调君臣之间应当相互关爱，君主应当关心民生。这种思想影响着个体对社会公共事务的态度，使其更加积极地关心社会问题，参与社会建设。通过对社会公共事务的参与，个体逐渐认识自己对社会的责任，形成更加积极的社会责任感。社会责任感的培养也表现在对环境和自然的关爱中。社会主义核心价值观强调建设美好家园，倡导绿色发展，传统礼仪中也包含对自然的崇敬和保护。在古代，人们在祭祖仪式中常常表达对自然神灵的尊崇，强调与自然和谐相处。这种对自然的敬畏观念有助于培养个体对环境和自然的社会责任感，使其更加注重生态平衡和可持续发展。

社会责任感在社会主义核心价值观和传统礼仪中都占据重要地位。通过两者的相互影响和融合，个体在社会责任感的培养中得到更加全面的引导。社会责任感的培养既体现在对家庭和社会的责任上，也表现在对他人、对社会公共事务及对自然的关爱中。这种社会责任感的培养有助于个体形成积极向上的人生观和社会观，为社会的和谐发展奠定了坚实的基础。

2. 道德修养

在社会主义核心价值观的引导下，文明进步成为我们共同追求的目标。这一核心价值观凝结了多方面的智慧和理念，为社会的持续发展提供了强大的思想引领。文明进步不仅仅是科技的飞速发展和经济的繁荣，更是一种全面的、持久的人类发展，包括道德伦理的提升、文化传承的丰富与发展。在这个过程中，传统礼仪文化作为中华传统文化的珍贵组成部分，扮演着重要的角色，为文明的传承和发展贡献着独特的力量。

中华传统文化以其深厚的历史底蕴和博大精深的内涵，在当今社会仍然具有重要意义。其中，传统礼仪文化是文明的瑰宝，蕴含着丰富的哲学思想和道德规范。通过对传统礼仪的传承与发展，我们能够在现代社会中找到文明进步的有力支持。礼仪文化教导人们尊重他人、注重人际关系，有助于奠定和谐共处的基础。这种传统的价值观念对社会的稳定和发展至关重要，因而对其加以传承和弘扬势在必行。文明进步不仅仅是物质层面的提升，更是文化的传承和发展。在现代社会，随着科技的快速发展，我们更加需要传统文化的滋养和引导。传统礼仪文化作为中华传统文化的重要组成部分，为人们提供了宝贵的道德准则和人生智慧。通过深入挖掘传统礼仪的内涵，我们能够找到应对现代社会问题的智慧之源。与此同时，传统礼仪文化也需要与时俱进，适应现代社会的发展。文明的进步并非停滞不前的，而是不断创新与发展的过程。传统礼仪文化在传承的过程中，应当保留其核心价值观，同时灵活应用于当代社会。这样的传承方式既能够保持文化的根基，又能够使其在现代社会焕发新的生机。文明进步与传承发展相辅相成。传统礼仪文化的传承不仅有助于社会的文明进步，更是对过去智慧的致敬和对未来发展的一种责任担当。通过将传统文化的精髓传承下去，我们能够在现代社会中找到前行的方向。这种传承发展的过程，并非固执地停留在过去，而是在前人的智慧基础上不断创新、与时俱进。

社会主义核心价值观引领我们朝着文明进步的目标不断前行。传统礼仪文化作为中华传统文化的重要组成部分，在这个过程中发挥着积极的作用。通过对传统礼仪文化的深入理解、传承与发展，我们能够在当代社会中找到宝贵的文明财富，为社会的持续发展注入新的活力。在文明的长河中，传承与发展共同构筑着一个更加繁荣、和谐的社会。

（二）文明进步与传承发展

1. 文明进步

文明进步与传承发展之间存在着紧密的联系，尤其在社会主义核心价值观倡导文明进步的时代背景下。传统礼仪文化作为中华传统文化的一部分，在这一过程中扮演着重要的角色，既有助于文明传承，又对文化的发展产生深远的影响。

社会主义核心价值观所追求的文明进步体现在对个体素质和社会文明的全面提升上。在这一背景下，传统礼仪文化被视为一种宝贵的文明资源，有助于培养个体的良好品德和道德观念。传统礼仪所强调的尊重、谦和、孝敬等价值观念，与社会主义核心价值观中强调的社会公德、家庭和谐等理念相一致。通过传承传统礼仪，可以促进个体在道德层面的进步，为社会文明的提升奠定坚实基础。传统礼仪文化的传承有助于弘扬中华传统文化的精髓，为文明的发展提供了丰富的文化资源。在社会主义核心价值观的引领下，传统文化被赋予了更加现代的内涵，成为推动文明进步的中坚力量。传统礼仪所蕴含的深厚历史和丰富内涵，在当代社会得以焕发新的生命力。这种传承发展既能够弘扬传统文化的独特魅力，又能够使其更好地适应现代社会的发展需求。社会主义核心价值观倡导的文明进步也涉及社会结构和人际关系的和谐发展，而传统礼仪文化在这方面发挥着积极的作用。传统礼仪注重家庭和睦、尊老爱幼、宗族关系等方面的价值观念，与社会主义核心价值观中关于社会和谐、家庭幸福的理念相一致。通过传承这些传统的家庭伦理观念，可以促使社会关系更加和谐稳定，为文明的进步创造良好的社会环境。在推动文明进步的过程中，也需要时刻注意对传统礼仪文化进行适度的更新和发展。社会在不断变革，新的问题和挑战不断涌现，传统礼仪需要具有适应性，以便能够与时俱进。在文明进步的推动下，传统礼仪文化应当通过吸纳新的元素、拓展其表达方式，以便更好地满足现代社会的需求，保持其对社会的深刻影响力。

文明进步与传承发展是相辅相成、相互促进的过程。社会主义核心价值观对文明进步的引导使传统礼仪文化更具现代价值和意义。通过传承和发展传统礼仪文化，既能够培养个体的良好品质，又能够为社会文明的提升提供丰富的文化资源。在这一过程中需要谨慎处理传统与现代的关系，保持文明进步的动力，使传统礼仪文化在当代社会中焕发新的光彩。

2. 传承发展

文明进步与传承发展之间的关系是一场不断演变的对话。传统礼仪文化在与社会主义核心价值观的契合中，通过传承发展，有望更好地服务于现代社会。这种对话不仅仅关乎文化传承的延续，更涉及社会进步的方向和核心价值观的再塑。

传统礼仪文化作为文明的重要组成部分，是人类社会发展的历史长河中积淀下来的宝贵财富。在面对社会主义核心价值观的时代背景下，传承发展传统礼仪成为一种必然的选择。社会主义核心价值观强调爱国主义、集体主义、社会主义等一系列核心理念，而这些理念与传统礼仪文化中的忠诚、尊重、谦和等价值观相契合。通过传承发展，传统礼仪文化能够与社会主义核心价值观形成有机统一，为社会价值体系的建设奠定坚实基础。传承发展不是对传统的简单死守，而是通过对传统的深刻理解，挖掘其中与社会主义核心价值观相一致的精华，使其在当代社会中焕发新的生命力。传统礼仪文化的传承发展应当贴近社会生活，关注人们的实际需求，并将传统智慧与现代智慧相结合。这种融合不仅能够传承传统文化的精髓，还能够使其更好地适应现代社会的发展和变革。通过传承发展，传统礼仪文化可以在现代社会中发挥更为积极的作用。在公共场合的礼仪规范中，传统礼仪文化的传承发展可以培养人们的文明素养，提升社会文明程度。社会主义核心价值观强调文明进步，而传统礼仪文化作为文明的表征，通过传承发展有望成为实现社会文明进步的有力工具。传统礼仪文化的传承发展还有助于营造和谐社会氛围。在家庭、工作、社交等方面，传统礼仪文化所强调的尊重、理解、关爱等价值观与社会主义核心价值观中的人本理念相一致。通过在日常生活中的实际践行，这些传统的礼仪观念有望促进人际关系的和谐发展，构建更加和谐宜居的社会环境。传承发展既是对传统文化的敬畏，又是对社会进步的贡献。通过对传统礼仪文化的深入挖掘和继承，我们能够在现代社会中找到其与社会主义核心价值观相契合的价值理念，为文明进步提供源源不断的动力。这种传承发展并非僵化地固守过去，而是在不断变革的时代中，赋予传统文化新的内涵和生命力。在这一对话中，我们需要关注传统礼仪文化的实质内涵，而非简单地沿袭表面形式。传统礼仪文化所蕴含的深刻意义，如对人性的理解、对社会秩序的塑造，是与社会主义核心价值观相辅相成的。因此，在传承发展的过程中，需要有针对性地挖掘传统文化中与社会主义核心价值观相符的元素，并赋予其现代的表达方式。

　　传统礼仪文化在与社会主义核心价值观的契合中通过传承发展，有望更好地服务于现代社会。这既是对传统礼仪文化的尊重，又是对社会进步的积极回应。通过传承发展，我们能够使传统礼仪文化在当代社会焕发新的生机，为社会的文明进步和核心价值观的弘扬贡献自己的独特力量。

第二节　中国传统礼仪文化与社会主义核心价值观的契合

一、核心价值观与传统礼仪的共通之处

核心价值观与传统礼仪在追求社会和谐上存在共通之处。强调爱国、敬业、诚信、友善的核心价值观与传统礼仪中的尊敬长辈、尊重他人、守信用等礼仪规范相契合。这体现了对社会关系中互相尊重、互助合作的重视。

核心价值观中的自由、平等、公正与传统礼仪中强调的和谐相契合。自由与和谐的结合体现了对个体权利的尊重，平等与公正则是在人际交往中追求公平和正义的基础。这与传统礼仪中对人际关系的和谐、平等的追求相一致。

核心价值观与传统礼仪都强调了道德伦理、社会秩序的建设。二者的共通之处表现在对家庭、社会和谐、尊重他人等方面的关注，共同构建了社会共识和文明秩序。

（一）家族责任

集体主义与家族观念在传统礼仪中得到了深刻的体现，传统礼仪鼓励个体履行家族责任，与核心价值观中强调的家庭责任相契合。这一传统观念通过礼仪的传承，深深植根于社会文化中，不仅影响个体的言谈举止，还强调家族责任与社会伦理体系。

传统礼仪通过规范个体行为，强调家族责任的履行。在传统礼仪的引导下，个体被教导要尊敬长辈、关心家人，并以此形成了一系列规范的家庭行为模式。在节庆聚会中，个体需要按照特定的礼仪规范与家人亲友互动，表达关心和祝福。这种规范的传承，不仅有助于维系家庭关系的和谐，还鼓励个体在行为中承担起家族责任，体现了传统礼仪对家庭观念的重视。传统礼仪强调个体在家族中的地位和角色，强调对家人的关爱和支持。在一些正式

场合，传统礼仪规定了家庭成员之间的互动方式，要求个体在言谈举止中体现对家人的尊重和关爱。这种关爱不仅仅表现在言辞上，更体现在对家人生活、成长、发展的支持上。通过这样的传承，个体学会了在家族中发挥积极的作用，履行家族责任，为家人创造幸福美好的家庭环境。在社会主义建设中，家庭作为社会的基本单位，承担着重要的社会责任。传统礼仪通过规范个体的家庭行为，培养其家族责任感，为社会主义核心价值观中关注家庭责任的理念提供了具体的行为规范和文化支持。

（二）公德心与社会责任

1. 注重公德心

公德心是社会主义核心价值观的重要组成部分，同时传统礼仪中的仁爱、礼让等观念也为培养公德心提供了有力支持。这种注重公德心的社会氛围既体现了现代社会价值观念的进步，也反映了传统礼仪在道德建设方面的深刻影响。通过对公德心的培养，个体能够更好地履行社会责任，促进社会的和谐稳定。在现代社会中，公德心与社会责任紧密关联、相互促进，共同构筑起社会的文明底蕴。

社会主义核心价值观倡导的公德心体现了社会责任的重要性。公德心是一种广泛的社会责任感，包括对他人的关心、对社会的贡献、对公共利益的认同。在社会主义核心价值观中，强调个体应当以集体利益为重，具备为社会、为他人谋福利的情怀。这种公德心的培养使个体在行为中更多地考虑到社会的整体利益，主动承担自己的社会责任。在社会主义核心价值观中，强调社会主义大家庭的理念，个体需要以大局为重，为社会的繁荣稳定贡献力量，这体现了公德心与社会责任的深刻内涵。传统礼仪中的仁爱、礼让等观念也对公德心的培养产生了积极影响。传统礼仪注重个体之间的亲情、友情、师生关系等，通过强调仁爱和礼让的原则，培养了个体关爱他人、尊重他人的品质。在这种亲情、友情的培养过程中，个体逐渐形成一种对他人负责任的态度，形成了为他人着想的良好习惯。在传统的家庭礼仪中，长辈对晚辈的关怀、尊重是一种仁爱的表现，而晚辈对长辈的尊敬和顺从则是一种礼让的体现。这种亲情、友情的传承有助于个体形成承担社会责任的自觉意识。

公德心的培养有助于构建和谐社会。在现代社会中，由于公德心的推动，个体更容易形成相互信任、互助合作的社会关系。公德心使个体在行为中更加注重集体利益，从而减少个体之间的冲突与矛盾。在这个过程中，传统礼仪所强调的尊重、谦和、礼让等观念也得到了延续和强化。在公共场合，排队、不随地吐痰、尊重他人隐私等行为都是公德心的具体体现，同时也是对社会责任的积极践行。公德心的培养有助于个体更好地履行职业责任。在现代社会中，个体通过从事不同的职业，承担着各自不同的社会责任。公德心使个体在职场中更注重团队协作，更关心职业道德和社会责任。传统礼仪所强调的尊重长辈、尊师重教的观念，也在一定程度上影响了个体对工作中的敬业精神和职业操守。在职场中，个体通过尊重同事、关心员工、诚实守信等行为，展现了公德心与社会责任的高度一致。

社会主义核心价值观中的公德心与传统礼仪中的仁爱、礼让等观念相互交融，为个体的公德心培养奠定了深厚的文化基础。这种公德心与社会责任互相促进，使社会更加和谐、个体更加自觉地承担起自身的社会责任。

2. 社会责任感

公德心与社会责任在传统礼仪文化中占有重要地位，强调个体应当拥有社会责任感，为社会繁荣做出积极贡献。这与社会主义核心价值观中的社会责任原则相一致，共同构筑了一个注重公德心和社会责任的社会体系。通过传承和践行传统礼仪，个体不仅能够培养公德心，还能够理解并履行自己在社会中的责任，共同促进社会的和谐发展。

传统礼仪文化注重培养个体的公德心。公德心是指个体在行为和决策中考虑到社会共同利益的心态和行为准则。在传统礼仪中，强调个体应该尊重他人、关心社会，从而培养一种具有公德心的品质。对长辈的尊敬、对弱势群体的关爱，都是传统礼仪所倡导的公德心的表现。通过这些行为，个体在关注个人利益的同时，还注重社会整体的福祉，形成了积极向上的社会风气。传统礼仪文化强调社会责任感，倡导个体应为社会繁荣贡献力量。社会责任感是指个体在社会中积极参与、关心社会问题、为社会贡献力量的意识和行为。在传统礼仪中，家庭、学校等教育机构往往注重培养个体的社会责任感，教导个体要关心他人，为社会的和谐稳定出一份力。这与社会主义核心价值观中倡导的"爱国、敬业、诚信、友善"等价值理念相契合，共同构成了个体应当履行社会责任的共识。同时，传统礼仪文化中的家庭观念也为个体的社会责任感奠定了基础。在家庭中，个体学会关心家人、尊重长辈，这是传统礼仪文化中培养家庭责任感的体现。这种家庭责任感可以延伸到社会层面，使个体在社会中更加注重参与和贡献。这与现代社会责任感的观念相契合，形成了一种从小家庭到大社会的责任链条。传统礼仪文化注重个体在社会中的仪表和形象。这不仅仅是对个体自身修养的要求，更是对个体在社会中扮演的角色和责任的表达。通过规范的仪容仪表，个体传递出一种对社会的尊重和责任心，这与社会责任感的培养密切相关。在社交场合中展现得体的仪容，既是对他人的尊重，也使自己更为自信。

传统礼仪文化中的义务感也对社会责任感的培养起到积极作用。在传统礼仪中，人们往往会有一些义务，如参与家庭聚会、帮助邻里等。这种义务感强化了个体在社会中的角色，促使其更加主动地参与社会事务，体现出一种对社会的责任感。这种义务感也与社会主义核心价值观中强调的社会责任原则相一致。

传统礼仪文化与社会责任感的融合形成了一个强调公德心和个体责任的社会伦理体系。通过传承和践行传统礼仪，个体能够培养出尊重他人、关心社会的公德心，并逐步形成对社会的责任感。这种责任感不仅有助于社会和谐稳定，更为社会主义核心价值观的实践提供了有力支撑。在当代社会，传统礼仪文化的价值观与社会责任感共同构成了个体行为的基石，为建设更加和谐、公正的社会提供了有益的启示。

二、传统礼仪文化的补充与丰富

传统礼仪文化在现代社会中既起到了传统文化传承的作用，同时也在某种程度上得到了补充与丰富。传统礼仪注重尊重长辈、敬重师长，这种传统观念对培养社会中的尊重与信任至关重要。在现代社会，这一观念得以继续强调，并在职场、家庭中发挥积极作用。

传统礼仪文化强调家族伦理、亲情和睦，这对构建和谐社会、强化家庭基础有积极影响。在现代社会中，家庭观念仍然被看作社会的基石，而传统礼仪文化为这一价值观提供了坚实的文化支持。传统礼仪文化注重道德伦理，强调正直诚实、守信守约。这一价值观对维护社会公德、培养公民道德品质有着积极作用。在现代社会中，这种道德观念依然具有重要意义，为社会建设提供了稳定的道德支持。

综上所述，传统礼仪文化在现代社会中补充与丰富了家庭观念、道德伦理等方面的价值观，为社会提供了丰富而深刻的文化内涵。

（一）道德规范的补充

道德规范是社会对个体行为的道德标准，而传统礼仪文化中的礼仪规范则承载了丰富的道德内涵，为社会的核心价值观提供了重要的补充。礼仪规范不仅在个体行为上提供了具体的指导，更在道德修养上发挥着积极作用。通过强调尊重、宽容、忠诚等道德要求，礼仪规范有助于强化个体的道德修养，促进社会的和谐发展。

传统礼仪文化中的礼仪规范为核心价值观提供了更加具体和实践的道德指引。社会的核心价值观往往是抽象的、普遍的，而礼仪规范通过具体的行为准则，将这些抽象的原则转化为日常生活中可见可感的实践。在传统礼仪中，应注重个体在家庭和社会中的社会责任感，如尊敬长辈、照顾弱者等。这种强调社会责任感的礼仪规范培养了个体对社会的责任心，使其在行为中更加注重社会和谐。同时，礼仪规范也强调宽容与忠诚，使个体在处理人际关系时更具有包容心和忠诚度。通过这些方面的培养，礼仪规范促使个体养成积极向上的品德，强化了道德修养。礼仪规范通过注重仪式、庄重等元素，有助于培养个体的仪表观念和修养。这种仪式感的培养使个体在日常生活中注重维护仪表，使行为更具礼貌和谦逊，有助于塑造良好的个人形象，提高个体的社会道德修养。

传统礼仪文化中的礼仪规范作为一种道德规范，为核心价值观提供了有益的补充。通过具体的行为准则、礼仪规范将抽象的道德原则转化为日常生活中可见的实践，为个体提供了更为具体的道德指引。同时，礼仪规范强调社会责任、忠诚、仪表等方面的道德要求，有助于强化个体的道德修养。

（二）家庭伦理的支持

在传统礼仪文化的熏陶下，家庭伦理得到了有力的支持。这一文化强调了诸如孝道、家族责任等观念，为社会主义核心价值观中的家庭伦理提供了有力的支撑，奠定了坚实的基础。这种强调家庭观念的传统文化在社会结构中为家庭的地位和作用注入了新的内涵，使其在社会中的重要性更加凸显。

孝道是传统礼仪文化中一个至关重要的概念，它强调子女对父母的尊敬和关怀。在这一观念的引导下，家庭伦理得以深化和巩固。孝道的实践不仅仅是一种道德的要求，更是一种文化的传承。通过代代相传的孝道观念，家庭中的成员在相互关心中建立更加紧密的联系，形成了温馨和谐的家庭氛围。同时，家族责任也是传统礼仪文化中的重要组成部分。这一观念强调家庭成员之间的相互扶持和共同责任。在家族责任的引导下，家庭成员在共同生活的过程中体现出更强的凝聚力和团结力。这种责任感不仅表现在物质上的互助，更体现在精神层面的支持。家庭成员间的相互关爱和理解在这一观念的支持下得以深化，为家庭伦理奠定了坚实的基础。家庭在社会结构中的地位也在传统礼仪文化的影响下得以凸显。这种文化强调家庭的重要性，将其视为社会的基本单位。在这一观念的引导下，人们更加注重家庭的建设和维护。这种家庭观念不仅仅有助于个体的成长和发展，更能促使家庭在社会结构中发挥更加积极的作用。传统礼仪文化中对家庭伦理的支持，也在一定程度上影响了社会的价值观念。在现代社会中，随着家庭结构的多样化和生活方式的变化，传统的家庭观念仍然具有不可替代的作用。这种观念使家庭成为一个关爱和支持的社会单元，有助于缓解现代社会中的一些问题，如孤独感和心理压力等。需要注意的是，传统礼仪文化中的家庭观念并非一成不变的，而是在时代变迁中不断发展演变的。在传承的过程中，我们应当保留其中的核心价值观，同时灵活运用于当代社会。只有在不断创新和适应的基础上，家庭伦理才能在现代社会中保持其旺盛生命力和强大影响力。

传统礼仪文化对家庭伦理的支持是显而易见的。通过强调孝道、家庭责任等观念，这一文化为社会主义核心价值观中的家庭伦理提供了深刻的内涵和坚实的基础。这种支持使家庭在社会结构中的地位更加凸显，为家庭成员提供了更为温馨和谐的生活环境。在传承与发展的过程中，我们应当充分发掘家庭观念的精髓，灵活运用于现代社会，以促进家庭伦理的持续发展。

（三）文化传承的价值

文化传承在社会发展中具有重要作用，而传统礼仪文化作为中华文化的重要组成部分，不仅承载了丰富的历史积淀，还为社会主义核心价值观的文化传承提供了有力的支撑。这种文化传承的价值体现在多个层面，涵盖了个体、社会和国家的多方面利益，对塑造社会价值观、促进社会和谐稳定具有不可忽视的作用。

文化传承有助于保持社会的文化根基。传统礼仪文化作为中华文化的一部分，承载了几千年的历史，是中华民族的文化根基之一。通过代代相传，这一文化得以保留和传承，为后代提供了丰富的文化资源。这种传承不仅是对历史的尊重，也是对中华文化传统的珍视，有助于维持社会文明的基石。文化传承有助于形成社会共识和价值观念。传统礼仪文化中包含的道德伦理、家庭观念等，与社会主义核心价值观中强调的社会公德、家庭和谐等理念相契合。通过文化传承，这些共同的价值观念能够在社会中达成广泛的共识，为社会成员提供共同的精神支柱，促进社会的和谐稳定发展。文化传承有助于培养个体的文化自觉和文明素养。通过继承和弘扬传统礼仪文化，个体能够建立对文化的认同感和自豪感。这种文化自觉有助于形成正确的文明观念，引导个体在社会交往中表现出更为文明的言谈举止。同时，文化传承也是个体文明素养的培养过程，为社会的精英层提供了具备文化修养的个体。在国家层面，文化传承有助于维护国家的文化自信和文化软实力。传统礼仪文化作为中国文化的瑰宝，是中国国家形象的重要组成部分。通过文化传承，国家能够弘扬自己的传统文化，向世界展示中国独特的文化魅力。这种文化自信有助于提升国家的文化软实力，使国家在国际舞台上更具影响力和竞争力。需要注意的是，文化传承并非一成不变的保守主义，而是在传统文化的基础上进行有益的创新和发展。随着社会的不断变革，文化传承也需要适应新的时代需求，吸纳新的元素，以保持其在社会中的生命力。这种文化传承的动态平衡有助于使传统文化在时代变迁中焕发新的活力。

综上所述，文化传承的价值在于维持社会的文化根基、达成社会共识、培养个体的文化自觉和文明素养，同时也有助于增强国家的文化自信和文化软实力。传统礼仪文化作为中华文化的重要组成部分，对社会主义核心价值观的文化传承提供了深厚的历史积淀，其传承发展的价值在当代社会仍然具有深远的意义。

第三节　中国传统礼仪文化与社会主义核心价值观契合的践行

一、核心价值观在传统礼仪文化中的践行

核心价值观在传统礼仪文化中的践行体现了价值观与传统文化的有机结合。在传统礼仪中，人们通过尊重长辈、遵循礼节，体现了核心价值观中的和谐与尊重。

核心价值观强调诚实守信，与传统礼仪的诚信原则相契合。传统礼仪注重言行一致，注重承诺的履行，与核心价值观中的诚实守信相呼应，形成了一种共通的道德准则。核心价值观强调助人为乐，而传统礼仪文化中的亲情、友情、邻里关系体现了相互扶持、关爱他人的传统观念，与核心价值观中的共同体意识相契合。

因此，核心价值观在传统礼仪文化中的践行不仅丰富了传统文化内涵，也使核心价值观在社会中更具体、更深刻地得到实践和体现。

（一）忠诚孝道的实践

1.孝道观念

孝道观念在传统礼仪文化中扮演着至关重要的角色，通过尊敬父母、长辈，个体树立了社会主义核心价值观中忠诚与孝顺的观念。这种实践不仅仅

是对传统文化的传承，更是对当代社会价值观的有力践行。孝道观念的实践既表现为对家庭的尊重与关爱，也延展到社会层面，构建了一个更加和谐、稳定的社会环境。

　　孝道观念强调尊敬父母、长辈的行为规范。在传统礼仪文化中，孝道被视为一种美德，是家庭和睦和社会和谐的基石。个体通过尊重父母、长辈，不仅体现的是对他们的尊重，更是对传统文化价值的实际践行。这种孝道观念的实践不仅在家庭关系中体现为亲情的传递和家庭的和谐，同时也在社会中营造了一种尊老爱幼、团结和谐的社会氛围。孝道观念的实践体现了社会主义核心价值观中忠诚与孝顺的观念。社会主义核心价值观强调家庭的重要性，强调个体对家庭的责任和担当。通过孝道观念的实践，个体在家庭中展现出对亲人的关爱和尊敬，体现了对家庭的忠诚。这种忠诚不仅仅是对家庭的责任担当，更是对社会主义核心价值观中"忠诚"一词的具体体现。孝道观念的实践还有助于建设一个更加和谐、稳定的社会环境。通过尊重父母、长辈，个体不仅实现了家庭的和谐，也在社会中建立了相互尊重、关爱的人际关系网络。这种和谐的人际关系不仅有助于个体的心理健康，也为社会奠定了更为稳定的基础。在这个过程中，个体不仅实现了对家庭的忠诚，也为社会主义核心价值观的弘扬贡献了积极力量。孝道观念的实践不仅在个体行为中得以体现，更体现在家庭教育的传承中。父母通过对孩子进行孝道教育，培养他们尊重父母、关爱家庭的观念。这种教育不仅是对传统文化的传承，更是对社会主义核心价值观的培养。通过这种教育，孩子们能够在成长过程中树立正确的价值观，形成对家庭的忠诚，为社会培养具有良好价值观的未来公民。孝道观念的实践还体现在社会公德的践行中。个体通过尊重父母、关爱家庭，将这种孝道观念延伸到社会的方方面面。在社会中，个体的这种行为会产生积极的示范效应，引导他人也加入孝道观念的实践中。这种积极的示范效应有助于营造一个更为和谐、互助的社会氛围，为社会的文明进步提供有力的支持。

　　传统礼仪文化中的孝道观念通过实践，不仅仅是对传统文化的传承，更是对社会主义核心价值观的有力践行。个体通过尊敬父母、长辈，体现了社会主义核心价值观中忠诚与孝顺的观念。这种实践不仅在家庭关系中促进了亲情传递和和谐家庭的构建，也建设了一个更加和谐、稳定的社会环境。通过孝道观念的实践，个体不仅实现了对家庭的忠诚，也为社会主义核心价值观的深入人心、弘扬贡献了积极力量。在当代社会中，孝道观念的实践不仅仅是对传统文化的传承，更是对社会价值观的有益补充，为构建一个更加和谐、进步的社会提供了宝贵经验。

2. 社会责任

社会责任在忠诚孝道的实践中扮演着重要角色。通过履行家族责任，个体实现了对家庭和社会的责任担当，体现了社会责任的深刻内涵。

履行家族责任是个体对父母孝道的实践。孝道在中国传统文化中占有重要地位，强调子女对父母的尊敬和照顾。通过孝敬父母，个体不仅担负起了对家庭的责任，也在社会中传承和弘扬了尊老爱幼的传统美德。这种孝道的实践不仅是对父母的感恩回报，也是对社会伦理的积极贡献。履行家族责任是对家庭和谐的建设。在传统礼仪中，家庭被视为社会的基本单位，家庭的和谐对整个社会的稳定有着深远的影响。通过履行家族责任，个体在家庭中建立了亲情关系、夫妻感情、兄弟姐妹之间的友爱，为家庭的和谐奠定了坚实的基础。这种和谐的家庭关系不仅使个体在家庭中得到温暖和支持，也为社会创造了积极向上的家庭氛围。同时，履行家族责任是对家族文化传承的一种实践。家族作为文化传承的基本单元，通过履行家族责任，个体不仅在行为上传承了家族的传统，更在精神层面延续了家族的文化传统。这种文化传承不仅有助于弘扬传统文化，也为社会奠定了多元文化共存的基础。履行家族责任也是对建设和谐社会做出了贡献。家庭是社会的细胞，一个个和谐的家庭构成了稳定的社会结构。通过履行家族责任，个体为社会创造了积极的社会能量。个体在家庭中的奉献精神和责任担当，可能会延伸到社会其他层面，参与公益事业、社区服务等，为社会的稳定和发展做出实质性的贡献。在忠诚孝道的实践中，社会责任不仅体现在个体对家庭的奉献上，还体现在个体对社会整体的关注和参与上。个体通过履行家族责任，实现了对家庭和社会的责任担当，为社会的和谐稳定和文化传承做出了积极贡献。需要注意的是，在履行家族责任的同时，也要平衡好个体发展与社会责任之间的关系。个体在实现社会责任的同时，也需要关注个人的成长与发展，避免过度牺牲个人权益而影响社会责任的履行。因此，社会责任的实践需要在个体与社会之间找到平衡点，既强调家族责任，又保障个体权益，实现个体与社会的共同繁荣。

综上所述，通过履行家族责任，个体实现了对家庭和社会的责任担当，理解了社会责任的深刻内涵。这种实践不仅有助于传承家族文化，构建和谐的家庭关系，还为社会的和谐稳定和文化传承做出了积极贡献。在社会责任的引领下，个体通过忠诚孝道的实践，成为社会和家庭稳定发展的重要参与者。

（二）仁爱礼让的体现

1. 仁爱观念

传统礼仪文化深刻体现了仁爱和礼让的观念，与社会主义核心价值观中的仁爱、和谐相契合。这一传统观念通过礼仪的传承，贯穿于社会文化的方方面面，不仅影响了个体的行为，更构建了一个强调仁爱礼让的社会伦理体系。

传统礼仪文化通过规范个体行为，强调仁爱的实践。在传统礼仪的引导下，个体被教导要关心他人、关爱弱者，形成了一系列规范的行为准则。在社交场合中，传统礼仪规定了对长辈的尊敬、对弱者的关心等，使个体在日常行为中能够体现出仁爱的品质。这种仁爱观念的传承，有助于构建一个互相关怀、互相帮助的社会环境，为强化社会主义核心价值观中强调的仁爱奠定了文化基础。

传统礼仪文化注重礼让，体现了对他人的尊重和关爱。在传统礼仪的引导下，个体学会了在社交互动中展现出对他人的尊重，表现出一种礼让的态度。在一些正式场合，礼让规定了行为的得体方式，强调避免给他人带来不适。这种礼让观念的培养，不仅有助于维护社会的和谐，更培养了个体具备解决社会矛盾的能力，契合了社会主义核心价值观中强调的和谐理念。

同时，传统礼仪文化通过强调家庭观念，促进了仁爱观念在家庭中的传承。在传统礼仪中，家庭被看作仁爱和礼让的重要舞台。通过强调家庭中的和睦相处、长辈关怀幼辈等行为规范，传统礼仪培养了家庭成员之间互相关爱、互相尊重的观念。这样的家庭观念不仅有助于形成家庭的和谐氛围，还使仁爱观念在家庭中得以传承，为社会主义核心价值观中对家庭和谐的追求提供了有力支持。传统礼仪文化中一些强调仁爱和礼让的仪式，如敬老尊贤、关爱弱小等，也为仁爱观念的弘扬提供了具体方式。这些仪式不仅仅是对传统文化的尊重，更是对社会关系的一种体现。通过这些仪式，个体在行为中能够体现出对他人的尊重和关爱，进一步巩固了仁爱观念在社会文化中的地位。传统礼仪文化中的一些劝诫和谚语，如"以德报怨""礼尚往来"等，就强调了仁爱与礼让的道德准则。这些劝诫在传统文化中被视为行为的底线和规范，通过口口相传，为仁爱观念提供了一种深刻的文化支持。这种文化支持不仅对传承传统文化有着重要意义，更为社会主义核心价值观中提倡的和谐社会建设提供了有益参考。

传统礼仪文化通过强调仁爱和礼让，与社会主义核心价值观中的仁爱、和谐相契合。这种仁爱观念贯穿于个体的言谈举止和社会文化的方方面面，构建了一个强调人与人之间关爱与尊重的社会伦理体系。在社会主义核心价值观的引导下，传统礼仪文化的传承不仅为社会奠定了坚实的文化基础，更为建设和谐社会、促进社会发展做出了积极贡献。

2. 社会公德

在社会的互助、宽容和礼让的实践中，个体展现了社会主义核心价值观中所强调的社会公德，其中仁爱和礼让等传统观念在个体行为中得到具体体现。社会公德是社会成员在日常交往中展现的一种道德品质，通过仁爱和礼让的实践，个体能够贡献于社会和谐与稳定的建设，构建一个互助共融的社会环境。

第一，仁爱体现在对他人的关怀和关爱上。仁爱作为传统文化的核心价值之一，强调个体对他人的关心和尊重。在社会公德的实践中，个体通过展现仁爱的品质，关心他人的需求，愿意主动帮助他人，促进社会成员之间的和谐相处。在日常生活中，对邻里之间的困难给予帮助、对朋友的困境表现出关心，都是仁爱在社会公德中的具体体现。这种仁爱的实践不仅有助于缓解社会中个体之间的矛盾和冲突，还为社会构建了更为和谐的人际关系。

第二，礼让体现在尊重和谦逊的行为中。礼让是传统礼仪观念中的一项重要原则，要求个体在社会交往中保持尊重和谦逊的态度。在社会公德的实践中，个体通过表现礼让的品质、尊重他人的意愿、考虑他人的感受、遵循一定的礼仪规范，维护了社会交往的和谐。在公共场合遵守秩序、让座给有需要的人、尊重他人的意见等都是礼让在社会公德中的具体表现。礼让的实践有助于降低社会交往中的冲突和紧张氛围，促使社会更加文明有序。

第三，互助体现在共同协作和支持中。互助是社会公德的重要内容，强调社会成员之间应该相互帮助、相互支持。在社会公德的实践中，个体通过互助的行为，为他人提供帮助，共同应对生活中的困难和挑战。邻里之间相互照顾、同事之间相互支持等都是互助的具体表现。这种互助的实践有助于构建社会中的合作共赢精神，提高社会的凝聚力和团结力。

第四，宽容体现在接纳多样性和包容差异中。宽容是社会公德中的一种重要品质，要求个体在面对多样性和差异时保持宽容的态度。在社会公德的实践中，个体通过宽容的行为、尊重他人的差异、接纳多样的文化和观念，避免歧视和偏见。在跨文化交往中保持宽容的态度，理解并接受不同群体的生活方式和价值观，都是宽容在社会公德中的具体体现。这种宽容的实践有助于促进社会的和谐发展，减少社会矛盾和分歧。

在社会公德的实践中，个体通过仁爱和礼让的具体体现，为社会建设贡献了积极的力量。这种实践不仅有助于缓解社会矛盾和冲突，提升社会的凝聚力和向心力，还构建了一个更为和谐、文明的社会环境。社会成员通过培养仁爱和礼让的品质，共同建设了一个互助共融、宽容和谐的社会。

二、传统礼仪文化对核心价值观的教化与引导

传统礼仪文化在教化与引导核心价值观方面发挥着重要作用。传统礼仪承载着历代智慧，通过仪式、规范和行为准则传递着深刻的核心价值观。尊重、孝道、忠诚等传统礼仪的价值体现了社会关系中的亲情、友情和爱情等多重维度，对培养人们的道德情操具有深远影响。

通过遵循传统礼仪，人们在实践中体验着团结、宽容、感恩等价值观念，

使这些观念深植于个体心灵。礼仪的规范引导着人们在社会互动中表现出谦逊、尊重和礼貌，促使社会成员共同遵循道德规范。传统礼仪文化还通过对历史故事、先贤事迹的传承，弘扬正直、勇敢、仁爱等核心价值观，为后人树立榜样，潜移默化地影响着人们的行为准则和生活方式。

传统礼仪文化在培养和引导核心价值观方面具有独特而深远的作用，为社会建设和文明发展注入了持久的精神力量。

（一）礼仪规范的教化作用

作为一种道德规范，礼仪规范在社会中扮演着重要的角色，通过规范个体的行为举止，实现对个体的道德教化。这种教化作用有助于培养符合核心价值观的品德，促使社会形成积极向上的价值观念和行为规范。

礼仪规范通过塑造个体的仪表仪态，传递出一种对他人的尊重和关爱的信息。在传统礼仪中，个体应注重在社交场合举止得体、仪表整洁。这种规范既有助于提升个体形象，又通过仪表的规范传递出一种尊重他人的价值观念。当个体在社交互动中表现出尊重和关爱的态度时，不仅使自己受到尊重，也促使社会形成一种相互尊重的社会氛围，有助于构建和谐的社交关系。礼仪规范在对待长辈、尊师重道的教化中，强调个体应当对权威和传统持敬畏之心。在中国传统礼仪中，尊敬长辈、师长是一种重要的社会价值观念。通过对长辈的尊敬，个体不仅表达出对长辈的感激之情，更树立起对传统文化和社会权威的敬畏之心。这种教化作用有助于培养个体的敬业精神，让他们在社会中更加谨慎和负责任。同时，礼仪规范通过对待他人的友善态度，培养了社会责任感和关爱精神。礼仪强调个体应当善待他人，不仅有助于维护社交关系的和谐，更是对社会责任感的一种教化。在礼仪中通过培养个体的友善、关爱的态度，社会可以营造一种互助、共同进步的社会氛围。这种教化作用为社会建设提供了一种积极向上的道德基础。礼仪规范在家庭教育中也发挥了重要作用，通过规范家庭成员的言谈举止，塑造了良好的家庭道德风尚。在家庭中，个体从小就接受礼仪的教育，这种教化作用不仅表现在对亲人的尊敬，更体现在对家庭和睦、和谐的追求。通过礼仪规范，个体学会了如何与家人相处，如何对待家庭责任，从而形成了积极向上的家庭价值观念。礼仪规范通过对人际关系的规范，培养了个体的合作精神和团队协作能力。在社交场合，个体通过遵守礼仪规范，学会了如何与他人合作共赢。这种教化作用不仅有助于个体更好地融入社会，更能促使社会形成一种合作共赢的社会文化。在团队协作中，个体通过礼仪的规范行为，实现了对团队和整体的责任感，形成了一种相互信任、相互协作的社交模式。

礼仪规范通过对言行的规范，培养了个体的诚信和正直的品格。在传统礼仪中，应强调言行一致，注重诚实守信。这种教化作用有助于培养个体的诚信意识，使其在社会中能够履行承诺，保持诚实正直的品格。通过诚信和正直的行为，不仅维护了个体的良好声誉，也有助于社会形成一种以诚信为本的社交环境。

礼仪规范作为一种道德规范，通过规范个体的行为举止，发挥着重要的教化作用。它通过塑造个体的仪表仪态、对待权威的态度、友善关爱的行为，以及对家庭、团队、社会的责任感等方面的规范，培养了符合核心价值观的品德。礼仪规范的教化作用不仅在个体层面产生影响，更为社会建设奠定了一种积极向上的道德基础，促进社会形成和谐、文明的社交风尚。

（二）家庭伦理的培养

家庭伦理的培养在传统礼仪文化中占据着重要位置，通过强调家族责任，传承了家庭价值观念，进而促进了社会主义核心价值观中家庭伦理的培养。在传统礼仪中，家庭被视为社会基本单位，个体在家庭中的角色与责任被强调和规范。这种强调家庭责任的传统观念在当代社会仍然具有重要意义，为个体树立正确的家庭观和伦理价值奠定了坚实基础。

传统礼仪文化通过强调家族责任，培养了个体对家庭的责任感。孝道是中华传统礼仪文化中的重要价值观，强调子女对父母的孝敬和尊重。这种家庭责任感不仅体现在对父母的孝道上，还包括对其他家庭成员的关心和尊重。传统礼仪文化通过规范家庭言谈举止，塑造了家庭成员的良好品德和道德观念。在家庭中，个体需要遵循一系列的礼仪规范，如尊敬长辈、和睦相处等。这些规范不仅有助于维持家庭内部的和谐，更为家庭成员树立了正确的品德观念。在家庭中学会尊敬长辈，个体不仅表现出对家庭成员的关心，还培养了对他人的尊重和体谅，形成了积极向上的品德风范。通过这些规范的传承，传统礼仪文化为家庭伦理的培养提供了具体而实践的指导。传统礼仪文化注重家族文化的传承，通过祭祖、宗族活动等方式传递家庭的价值观。在中华传统文化中，祭祖活动被视为对祖先的尊敬和对家族的传承。通过参与这些活动，个体在实践中感受到家庭传承的延续和传统文化的沉淀。这种传承不仅弘扬了家族的文化底蕴，也为家庭成员提供了共同认同和归属感。在当代社会，这种家族文化的传承仍具有深远的影响，为培养家庭伦理提供了历史与文化的支持。传统礼仪文化通过强调婚姻家庭的重要性，培养了对家庭的珍视和维护。传统礼仪规范中，婚姻被视为人生大事，并被看作家族延续的基石。这种观念使个体在婚姻中注重对配偶的尊重、关心和支持，形成了对家庭的珍视和维护的态度。通过这种珍视家庭的传统观念，个体更加注重维护家庭和睦，培养了对家庭伦理的深刻认识。

（三）文化传统的价值引导

文化传承在中华文化中扮演着至关重要的角色，而传统礼仪文化作为其不可或缺的一部分，通过世代相传的方式，为社会主义核心价值观提供了深刻的历史支撑。这种文化传承不仅是对过去的简单延续，更是一种对价值观念的传递和引导，为个体树立正确的人生观和价值观念奠定了坚实的基础。

传统礼仪文化作为中华文化的代表之一，通过文化传承为社会主义核心价值观提供了坚实的历史支撑。这一文化凝聚着千百年来中华民族的精神智慧，是中华文明的瑰宝。在文化传承的过程中，这些传统礼仪得以保存并传递给后代，使其成为连接过去与现在、承前启后的纽带。这样的传承不仅让人们深刻体验到中华文化的深厚底蕴，更使社会主义核心价值观在这片土地上找到了历史的呼应和价值的共鸣。通过文化传承，传统礼仪文化为社会主义核心价值观的形成和发展提供了源源不断的滋养。这一文化传承并非仅限于形式的传递，更涉及其中的价值观念。孝道、仁爱、忠诚等传统礼仪的核心价值贯穿其中，为个体提供了正确的价值引导。这样的传承不仅在历史长河中得以延续，更在当代社会中发挥着塑造人们正确价值观念的积极作用。个体通过对传统礼仪文化的学习和体验，逐渐形成对家庭、社会和国家的正确看法，为社会主义核心价值观的深入人心奠定了坚实基础。文化传承也是对个体思想观念进行引导的一种方式。传统礼仪文化中的诸多经典作品，如《论语》《孟子》等，通过世代传承，成为中华文化的瑰宝。这些经典蕴含着丰富的哲学智慧和道德观念，为个体提供了深刻的启示。通过对这些经典的学习和理解，个体能够汲取其中的精华，形成独立、深刻的人生观。这样的文化传承不仅弘扬了中华文化的博大精深，更引导着个体建立正确的人生价值观。在文化传承的过程中，传统礼仪文化为社会主义核心价值观提供了一种深刻的历史支撑，使其在当代社会中得以更为广泛地传播和接受。通过对传统礼仪文化的认识和理解，使个体能够更好地理解社会主义核心价值观的内涵和意义。这样的理解不仅使个体在日常生活中更好地践行这些价值观，更促进了社会主义核心价值观在整个社会中的树立和传播。需要注意的是，文化传承并非一成不变，而是需要与时俱进的。在传统礼仪文化的传承中，我们需要注重在保留其核心价值的同时，将其灵活运用于当代社会。只有在不断创新和适应的基础上，文化传承才能真正起到引导个体正确价值观的作用。

综上所述，传统礼仪文化通过文化传承为社会主义核心价值观提供了深刻的历史支撑。这种传承不仅仅是对过去的延续，更是一种对价值观念的传递和引导。通过文化传承，个体能够在传统礼仪文化的滋养下，树立正确的人生观和价值观，为社会主义核心价值观在当代社会中的深入人心奠定了坚实基础。

第五章 中国传统礼仪文化建设

第一节 中国传统礼仪文化建设的必要性

一、社会稳定与文明进步的必要性

社会稳定与文明进步是社会发展的双轮驱动，相辅相成、互为必要。社会稳定为文明进步提供了有序的环境和基础。只有在相对安宁的社会环境中，人们才能更好地专注于学习、传承和创新文化，推动科技、经济和社会制度的不断发展。

同时，文明进步也为社会稳定提供了动力和活力。科技的进步、知识的普及、文化的繁荣，都能够增强社会的韧性和适应力，促进公平正义，减少社会矛盾，提升社会整体的幸福感和满意度。

社会稳定与文明进步相辅相成，是实现可持续发展的基石。只有在稳定的社会环境中，人们才能更好地释放创造力，推动文明的不断进步；而文明的进步又为社会提供了更多发展的机遇和可能性，形成了良性循环，共同推动社会不断向前发展。

（一）社会和谐稳定

1. 社会凝聚力

社会和谐稳定是一个社会持续发展的重要指标，而传统礼仪文化作为社会共识的一部分，发挥着增强社会凝聚力、促进社会和谐的重要作用。通过传承和弘扬传统礼仪文化，社会成员能够建立共同的价值观念和行为规范，从而促进社会的凝聚力，维护社会的和谐稳定。

传统礼仪文化有助于达成社会共识，增强社会成员的身份认同和归属感。传统礼仪所包含的道德伦理、家庭观念等价值观念是达成社会共识的基石。通过共同的文化传统，社会成员能够建立起对共同价值的认同，形成一种文化认同感。这种共识有助于减少社会内部的分歧和冲突，增强社会成员之间的联系和互信，从而促进社会的和谐稳定。传统礼仪文化有助于建立正向的社会网络和人际关系。传统礼仪注重尊重、关爱、宽容等原则，这些原则在社交互动中起到了重要的引导作用。通过在社会中弘扬这些正向的价值观，人们能够建立和谐的人际关系，形成积极的社会网络。这种社会网络有助于缓解社会压力、提升个体幸福感，从而促进整个社会的和谐稳定。传统礼仪文化在家庭关系中的实践有助于建设和谐家庭。家庭是社会的基本单位，而家庭的和谐稳定对整个社会的和谐稳定有着深远的影响。传统礼仪文化强调尊老爱幼、孝敬父母等观念，这有助于维护家庭的稳定。和谐的家庭关系能够培养健康的家庭成员，为社会的和谐奠定坚实的基础。需要注意的是，传统礼仪文化的传承并非一成不变的保守主义。社会在不断变革，新的问题和挑战也在不断涌现，传统礼仪需要具有适应性，能够与时俱进。在传承过程中，需要在保持传统文化本质的同时，适度更新和发展，使其适应新的社会现实。

传统礼仪文化也有助于建立正向的社会网络和人际关系，形成和谐的社会网络。同时，家庭中传承的传统礼仪观念有助于家庭的和谐稳定，为整个社会的和谐稳定奠定坚实的基础。这种传统礼仪文化的推崇和传承，对社会和谐稳定的维护具有积极的意义。

2. 价值观一致性

价值观一致性是社会和谐稳定的重要因素，通过传承和弘扬传统礼仪，社会成员在价值观念上更加一致，减少了价值观差异可能带来的社会不稳定因素。传统礼仪作为文化的载体，通过规范人们的言谈举止、引导道德伦理，有助于形成共同的价值观念，从而促进社会的和谐稳定发展。

传统礼仪通过规范言谈举止，强调社会成员的共同道德准则，从而形成一致的价值观念。在传统礼仪中，对孝道、友情、忠诚、诚信等价值观的强调，使社会成员在这些基本道德准则上有了共识。尊敬长辈、关爱弱势群体等礼仪规范，都是传统价值观在实践中的具体表现。这种规范行为的共同性，有助于社会成员在价值观上形成一致性，减少因为道德观念差异而引发的社会冲突。传统礼仪通过弘扬家庭伦理，促进社会成员更加团结。在传统礼仪中，对亲情、友情、师生情等家庭伦理的强调，使社会成员更加注重家庭关系，形成紧密的社会网络。家庭作为社会的基本单位，通过传统礼仪的引导，成为社会成员情感纽带的重要来源。这种亲情、友情的强调有助于社会成员之间建立更加牢固的关系，形成共同的情感共鸣，减少社会分裂的可能性。同时，传统礼仪注重的是个体在社会中的角色和地位，强调个体对社会的奉献精神。通过个体的奉献，形成了社会成员对社会共同利益的认同。这种奉献精神的传承，有助于形成社会成员对社会共同价值的一致追求，减少了个体追逐私利可能带来的社会动荡。需要注意的是，传统礼仪在弘扬一致的价值观念的同时，也需要与时俱进，适应社会的发展和变革。传统礼仪中可能存在一些腐朽过时的观念，需要通过合理的改革和创新，使其更好地适应现代社会的需求。保留传统的价值观念的同时，也要尊重和包容多元文化，以形成更加广泛的共识。

综上所述，传统礼仪作为文化传承和载体，在规范行为、弘扬家庭伦理、强调个体奉献等方面具有重要作用，促进了社会成员之间的价值观一致性，为社会的和谐稳定提供了有力支持。通过传统礼仪的引导，社会可以形成价值共识，减少因为价值观差异而可能引发的社会矛盾，为社会的可持续发展奠定了基础。

（二）文明进步与国家形象

1.文化自信

文明进步与国家形象密不可分，而传统礼仪文化作为中华文明的重要组成部分，在弘扬中华传统礼仪的过程中，有助于提升国家文化的自信心。这种自信心不仅是对自身文化价值的认同，更是对国家形象的建设和推动文明进步的动力。通过传统礼仪文化的传承和弘扬，国家在国际舞台上更能够展现其独特的文化魅力，树立崇高的国家形象。

　　传统礼仪文化的弘扬有助于增强国家对本土文化的认同，推动文明进步。在全球化的时代背景下，国家需要在多元文化的交融中找到自己的独特之处。传统礼仪文化作为中华文明的精髓之一，以其独特的仪式、行为规范等方面，形成了具有鲜明特色的文化符号。国家在弘扬这些传统礼仪时，不仅展现了对自身文化的认同，更在国际社会中建立起独具魅力的国家形象。这种认同感和独特性，促使国家在文明的发展进程中不断汲取传统文化的精华，推动国家文明的不断进步。传统礼仪文化的弘扬有助于塑造国家的和谐形象。传统礼仪注重人与人之间的和谐相处，尊重长辈、关心弱者等传统观念构建了社会和谐的基石。通过弘扬这些传统礼仪，国家不仅在内部建设中培养了和谐社会的观念，也在国际舞台上展现了自己关爱他人、追求和谐的国家形象。这种和谐形象既能够提升国际社会对国家的好感度，又有助于国家内部的社会稳定和发展。同时，传统礼仪文化的弘扬也有助于树立国家的崇高形象。传统礼仪注重的是品德修养、对他人的尊重和关爱，这些都是崇高的价值观念。国家在弘扬传统礼仪的同时，将这些崇高的价值观念融入国家形象的构建中。在国际社会中，国家所展现的崇高形象不仅仅是在技术、经济等方面的强大，更体现在对文明、品德的推崇上。这样的崇高形象有助于提升国家的国际声望，为国家软实力的提升奠定坚实基础。传统礼仪文化的弘扬有助于建设文化自信。文化自信是国家走向世界的一种重要态度。通过传统礼仪的弘扬，国家不仅对自身文化保持认同，更在国际社会中展现了对自己文化的自信。这种自信不仅表现在文化产业的输出上，更表现在国家对文化的自主创新和传承发展上。文化自信使国家在国际交往中更加坚定地展现自身文化的独特魅力，为国家形象的树立奠定坚实的基础。

　　在全球化的背景下，国家需要更加注重本土文化的传承和发展，通过弘扬传统礼仪，不仅能够使国家在国际社会中更具魅力，更能够在文明的进步过程中走向更加繁荣的未来。

　　2. 国家形象

　　通过对传统礼仪文化的传承和弘扬，国家不仅能够在国际舞台上塑造积极的形象，还能够促进文明进步，实现国家的可持续发展。

传统礼仪文化作为国家文化的重要代表，是国家软实力的独特体现。在国际交往中，一个国家的软实力，即非军事手段下的国家实力，对国家形象的塑造起着至关重要的作用。传统礼仪文化作为一种独特的文化符号，能够吸引世界目光，激发外界对国家文明的兴趣。通过对传统礼仪文化的传播，国家能够展示其独特的文化魅力，使国家形象更加独特而深刻。中国的传统文化如茶道、书法、礼仪等，都是世界瞩目的文化元素，通过这些传统礼仪文化的展示，中国在国际上的文化形象更加引人注目。传统礼仪文化有助于弘扬国家的优秀传统文化，实现文明的传承与进步。在国际舞台上，一个国家的文化传统往往是其软实力的重要组成部分。通过传统礼仪文化的弘扬，国家能够更好地传承和发扬自己的文明成就，使国际社会更全面地了解国家的历史和文化。同时，传统礼仪文化的传承也有助于文明的进步，通过对传统文化的重新审视和创新，国家能够在传统与现代的结合中实现文明的发展。日本通过传统的茶道文化传承，不仅展示了悠久的历史底蕴，也通过现代化的方式，将茶道文化融入现代生活，实现了传统文化的生生不息。传统礼仪文化的传播有助于国家建设国际形象的长期战略。通过积极参与国际文化交流，国家能够在国际社会中塑造良好的形象。通过国际性的活动和交流，国家可以向世界展示其深厚的文化内涵，促使国际社会更好地理解和认同该国文化。这种国际形象的塑造不仅有助于推动国家的经济合作、文化交流，还为国际事务中的合作与发展提供了有利的环境。

另外，传统礼仪文化的传播有助于国家的软实力提升。软实力在当今国际关系中具有越来越重要的地位，而传统礼仪文化的传播是软实力的一种重要表现。通过向外界展示国家传统礼仪的魅力，国家能够在国际社会中赢得尊重和认可，提升国家的国际地位。传统礼仪文化的传播还有助于推动国家的文化产业发展，促进文化产品的输出，实现文化软实力的国际传播。韩国通过韩流文化的传播，成功提升了国家在全球范围内的知名度，吸引了全球范围内的文化消费者，推动了韩国文化产业的迅速发展。

通过传统礼仪文化的建设，国家能够在国际上展现更为丰富、深厚的文化内涵,从而提升国家形象。这一过程不仅有助于国家软实力的提升,还能够促进文明的传承与进步,实现国家的可持续发展。通过弘扬国家的传统礼仪文化,国家能够在国际舞台上更加引人注目,为国家的崛起和繁荣做出积极的贡献。

二、个体修养与社会关系的必要性

个体修养与社会关系的紧密联系对建设和谐社会至关重要。个体修养是培养积极向上的品格与行为的基础。通过自我修养,个体能够培养谦逊、宽容、正直等优良品质,使其更好地融入社会,建立良好的人际关系。

个体修养对社会关系的稳定和和谐起到重要作用。具备良好修养的个体更容易与他人产生互信,减少冲突和矛盾的发生。通过尊重他人、关心社会,个体能够建立起积极的社会关系网络,共同推动社会向更好的方向发展。个体修养也有助于个体更好地融入团队和社群中。通过提升自身修养,个体能够更好地适应社会规范,形成积极的群体互动,促进团队协作,实现共同目标。

个体修养与社会关系的必要性在于它为个体提供了与他人和社会互动的基础,促进社会的稳定与和谐。个体通过不断提升自身修养,能够更好地履行社会角色,共同建设一个更加和谐、美好的社会。

(一)个体修养与道德素质

1.道德修养

道德修养是传统礼仪文化培养的重要方面,通过礼仪规范,个体得以培养良好的道德品质,提升自身的品德水平。这种注重道德修养的传统礼仪教育,不仅塑造了个体的道德品格,更为社会建设提供了有益的道德基石。

传统礼仪通过规范个体的仪表仪态,培养了对他人的尊重和关爱,构建了积极向上的社交风尚。在传统礼仪中,个体被要求在社交场合表现得体、仪表整洁。这不仅提升了个体形象,更传递出一种对他人的尊重和关爱的信息。当个体在社交互动中表现出尊重和关爱的态度时,不仅使自己受到尊重,也营造出一种相互尊重的社会氛围,为道德品质的培养奠定了基础。传统礼仪注重对长辈的尊敬和尊师重道的教化，强调个体应当对权威和传统持敬畏之心。在中国传统礼仪中，尊敬长辈、师长是一种重要的社会价值观念。通过对权威的敬畏，个体不仅表达了对传统文化的尊重，也培养了个体的敬业精神。这种道德修养有助于个体在社会中更加谨慎和负责任，提升个体的整体品德水平。同时，传统礼仪中对待他人的友善态度也培养了社会责任感和关爱精神。传统礼仪强调个体应当善待他人，这不仅有助于维护社交关系的和谐，更是对社会责任感的一种培养。通过在礼仪中培养个体友善、关爱的品质，社会可以形成一种互助、共同进步的社会氛围。这种关爱精神不仅表现在个体对亲友的关怀，也渗透到对陌生人和弱势群体的关爱中，形成了社会共同体的道德共识。传统礼仪通过家庭教育强调家庭责任感，塑造了良好的家庭道德风尚。在家庭中，个体从小就接受到礼仪的教育，这种教化作用不仅表现在对亲人的尊敬，更体现在对家庭和睦、和谐的追求。通过礼仪规范，个体学会了如何与家人相处，如何对待家庭责任，从而树立了积极向上的家庭道德观念。这种家庭责任感不仅有助于培养个体的家国情怀，更为社会建设提供了积极的家庭支持。传统礼仪通过规范个体在团队协作中的行为，培养了合作精神和团队协作能力。在社交场合，个体通过遵守礼仪规范，学会了如何与他人合作共赢。这种合作精神的培养有助于个体更好地融入社会，形成一种相互信任、相互协作的社交模式。在团队协作中，个体通过规范的礼仪行为，实现了对团队和整体的责任感，提升了团队整体的道德素质。传统礼仪通过对言行的规范，培养了个体的诚信和正直的品格。在传统礼仪中，强调言行一致，注重诚实守信。这种教化作用有助于培养个体的诚信意识，使其在社会中能够履行承诺，保持诚实正直的品格。通过诚信和正直的行为，个体不仅维护了个体的良好声誉，也有助于社会形成一种诚信为本的社交环境。

　　传统礼仪注重个体的道德修养，通过规范个体的仪表仪态、对权威的尊重、对他人的友善态度，以及对家庭、团队、社会的责任感等方面的规范，培养了个体的良好道德品质，提升了社会整体的道德水准。

2. 社会责任

传统礼仪文化在建设社会责任观和强化个体的社会责任感方面发挥着重要作用。通过规范言谈举止、强调家族责任、传承社会价值观等方式，传统礼仪文化为个体提供了具体的社会责任指南，引导个体在社会交往中更好地履行责任，培养了其积极向上的社会责任感。这一影响不仅有助于维持社会秩序的和谐，还促进个体在社会中的全面发展。

传统礼仪文化通过规范言谈举止，引导个体在社交场合中树立正确的社会责任观。在礼仪规范中，强调尊重、礼让、关心他人等价值观，使个体在日常生活中形成积极向上的社会行为准则。尊重长辈是中国传统礼仪文化的重要组成部分，通过这一规范，个体不仅学会了尊重他人，还培养了对社会的责任感。在社交场合中，个体通过遵循这些规范，尊重他人的权利和感受，形成了和谐的社会关系，展现了积极的社会责任感。传统礼仪文化通过强调家庭责任，培养了个体对家庭和社会的社会责任感。在传统礼仪中，家庭被视为社会基本单位，个体在家庭中有着明确的角色和责任。在孝道观念中，鼓励个体对父母孝敬和尊重。这种强调家庭责任感的传统观念使个体在家庭中更注重履行自己的责任，培养了对家庭和社会的责任感。这种责任感的培养使个体在社会中更有担当，更具有社会责任感。传统礼仪文化通过传承社会价值观，强调了个体在社会中的作用和义务。在中国传统文化中，注重仪式、庄重的礼仪活动被视为对社会价值的传递和传承。通过参与这些仪式，个体感受到了对社会的责任和对传统文化的珍视。这种传承不仅强化了个体对社会价值观的认同，也激发了个体在社会中更为积极地履行社会责任的愿望。通过这种方式，传统礼仪文化在社会责任观的建设中发挥着积极作用，促使个体更好地承担社会责任。

传统礼仪文化通过规范行为、强调家庭责任、传承社会价值观等方式，引导个体树立正确的社会责任观，强化个体的社会责任感。这种社会责任感的培养不仅能够使个体更好地履行社会责任，还促进了社会的和谐与稳定。通过传统礼仪文化的影响，个体在社会中能够更全面地发展，为社会的繁荣与进步做出积极贡献。

（二）人际关系与社交技能

1. 人际关系

传统礼仪文化在强调尊重和谦和的同时，对个体在人际关系中的表现产生了深刻而积极的影响。这一文化传统不仅是对过去智慧的传承，更是对人际关系中相互尊重和和谐相处的价值观的引导。通过对传统礼仪文化的理解和运用，个体能够更好地在社交场合中展现出亲和力，培养出良好的人际关系，提升社交技能。

尊重是传统礼仪文化中的重要观念之一。这种尊重不仅是对长辈的尊崇，还包括对同辈和晚辈的尊重。在人际关系中，尊重是建立良好互动的基础。通过尊重他人，个体能够展现出谦虚、真诚的态度，从而赢得他人的好感和信任。这种尊重观念通过文化传承得以弘扬，营造了一种相互尊重、平等相待的良好氛围。另外，与尊重相辅相成的是谦和的品质。传统礼仪文化强调谦和待人的重要性，认为过于张扬和傲慢是不符合礼仪的表现。在人际关系中，谦和是一种积极的社交技能。通过展现出谦和的态度，个体能够更好地融入社交场合，避免矛盾和冲突的发生。这种谦和的品质，通过文化传承，得以代代相传，在社会上形成了一种谦和宽容的社交氛围。传统礼仪文化所强调的尊重和谦和，并非仅限于特定关系，而是贯穿于各类人际关系中。不论是在家庭、工作还是社交场合，尊重和谦和的态度都能够发挥积极的作用。这种观念使人们更注重他人的感受、更愿意倾听和理解他人，为人际关系的健康发展奠定了良好的基础。传统礼仪文化中的重要价值观之一是慈爱。慈爱强调对他人的关心和体贴，使人们在人际关系中更加关注彼此的需求和感受。通过在人际交往中表现出慈爱的品质，个体能够建立起更加深厚的人际关系，形成互帮互助的社交网络。这种慈爱观念通过文化传承，为社会中的人际关系注入了一份温暖和关爱。人际关系的建立和发展离不开有效的社交技能。在这一点上，传统礼仪文化为个体提供了丰富的社交技能，使其能够更加娴熟地应对各类社交场合。通过学习和运用这些技能，个体能够更好地展现自己，高效地处理人际关系中的复杂情境。在传统礼仪文化中，言谈举止被赋予了极高的地位。在人际交往中，通过文雅的言辞和得体的举止，个体能够树立良好的形象，赢得他人的尊敬和好感。这种言谈举止的培养，不仅使个体在社交场合中显得更加有风度，同时有助于建立起和谐的人际关系。传统礼仪文化中的交际技巧也是社交技能的重要组成部分。在社交场合中，善于表达和倾听、恰如其分地表达自己的意见等技巧都是在传统礼仪文化的熏陶下逐渐形成的。这些技巧不仅有助于个体更好地理解他人，还使人际关系更加融洽。

传统礼仪文化通过强调尊重和谦和，有助于个体在人际关系中表现得更为和善、体贴。这一文化传统不仅为个体提供了在人际交往中的价值观念，更为其培养了一系列有益于社交的技能。通过对传统礼仪文化的学习和运用，个体能够更好地在社交场合中展现出自己的优雅和修养，建立良好的人际关系。在当代社会中，这种传统文化的价值观和社交技能依然具有重要的现实意义，为社会的和谐相处和个体的全面发展提供深刻的启示。

2. 社交技能

社交技能是在社会交往中至关重要的方面，而学习传统礼仪对提升社交技能、增强个体在社会交往中的沟通能力具有显著作用。传统礼仪不仅是一种文化传承，更是一种社交技能的培养，通过学习传统礼仪，个体能够在人际关系中更加得体、自信，有效地展示自己的形象，使社交更为流畅和愉悦。

学习传统礼仪有助于培养个体的社交敏感性。传统礼仪强调尊重、关爱和礼貌，这些都是在社交场合中非常重要的素养。通过学习传统礼仪，个体能够更加敏锐地感知他人的情感和需求，提升对社交场合的适应能力。这种社交敏感性使个体在人际交往中更具智慧和涵养，有助于建立良好的人际关系。传统礼仪的学习有助于提升个体的沟通能力。传统礼仪注重的不仅仅是言辞，还包括非言辞的表达方式，如肢体语言、眼神交流等。通过学习这些细致入微的沟通技巧，个体能够更好地表达自己的意图，更准确地理解他人的想法和感受。这种沟通能力对于建立深厚的人际关系、解决社交冲突非常关键。学习传统礼仪能够提升个体的自我管理和情绪控制能力。在社交场合中，个体可能会面临各种各样的情绪波动，如紧张、不安等。传统礼仪的学习使个体学会如何在各种情境下保持冷静、自信的态度，有效地掌控自己的情绪。这种情绪管理能力不但能够使个体更好地适应社交环境，还有助于建立积极的人际关系，提高工作和生活的质量。需要强调的是，传统礼仪的学习并非僵化的模仿，而是应当结合当代社会的实际情境进行灵活应用。社交技能的提升需要根据不同的社交场合和文化背景进行调整，使之更符合当代社会的多元化和包容性。因此，传统礼仪的学习应当是一种灵活而有创意的过程，能够适应多样化的社交情境。

学习传统礼仪对提升社交技能、增强个体在社会交往中的沟通能力具有显著的价值。通过培养社交敏感性、提升沟通能力及加强情绪管理，个体能够更加得体、自信地应对各种社交场合。这种社交技能不仅对个体的职业发展和人际关系的建立有益，也有助于整个社会的和谐稳定发展。

第二节 实现中国传统礼仪文化建设的路径

一、教育体系与社会宣传的结合

教育体系与社会宣传的结合对社会的全面发展至关重要。教育体系是培养人才、传递知识的主要途径，通过教育能够深入灌输社会核心价值观和公民道德规范。单一的教育体系难以满足多元化的社会需求，因此，需要结合社会宣传来强化教育的广度和深度。

社会宣传作为一种大众传播手段，能够更加灵活、迅速地影响社会观念。社会宣传可以强调社会核心价值观，引导公众的认知和态度，与教育体系相结合，能够形成一体化的价值观念传递，使社会各层面形成一致的价值共识。教育体系与社会宣传的结合有助于构建全面、多层次的价值观念传递体系。通过相互协调、互相补充，可以更好地引导社会成员形成积极向上的道德观念，促进社会的健康和谐发展。

（一）学校礼仪教育

1. 课程设置

学校礼仪教育的课程设置是培养学生良好行为习惯和社交技能的关键一环。通过在学校教育体系中加强礼仪教育的课程设置，可以使学生系统地学习传统礼仪的基本知识和实践技能，为其未来的职业发展和社会交往奠定坚实的基础。

礼仪教育的课程设置有助于培养学生的社交技能。在当今社会，社交技能对个人的职业发展和人际关系建立至关重要。通过系统学习传统礼仪，学生能够在不同场合中言行得体，提升在社交场合中的自信和应对能力。这不仅对学生未来的职业生涯有着积极的影响，更有助于培养他们成为具有社会责任感和团队协作精神的公民。礼仪教育的课程设置有助于培养学生的自我管理能力。传统礼仪不仅仅是对外的表现，更涉及个体对自己行为的自我约束和管理。通过学习礼仪，学生能够养成良好的生活习惯、自律能力和责任心，使其在学业、生活中更加自主、自律。这种自我管理的培养将为学生未来的发展打下坚实的基础，使其更好地适应社会的要求。礼仪教育的课程设置有助于培养学生的文化素养。传统礼仪是文化的重要组成部分，通过学习礼仪，学生能够更加深入地了解传统文化的内涵和价值观。这有助于拓展学生的文化视野，提高他们对传统文化的认同感和自豪感。在全球化的时代背景下，培养学生具备跨文化沟通的能力，对他们未来的国际交往和合作至关重要。礼仪教育的课程设置有助于培养学生的团队协作意识。在学习传统礼仪的过程中，学生将不仅仅注重个体行为，更重要的是关注团队合作和群体利益。礼仪教育可以通过各种形式的团队活动和角色扮演，培养学生的协作能力、沟通技巧及解决问题的能力。这将为学生未来步入社会后更好地适应团队工作环境提供帮助。在礼仪教育的课程设置中，应注重理论与实践相结合。理论知识的传授是培养学生礼仪意识和文化素养的基础，而实践环节则是巩固学生所学知识的有效途径。通过模拟场景、角色扮演、实地参访等形式，学生能够更加深刻地理解礼仪的实际应用，培养实际操作的技能。这种理论与实践相结合的教学模式不仅有助于提高学生学习的兴趣，还能使他们更好地运用所学的礼仪知识。

课程设置还应与时俱进，融入现代社会的实际需求。传统礼仪文化有着丰富历史积淀，但在现代社会，人们的生活方式、社交模式也发生了诸多变化。因此，礼仪教育的课程设置需要灵活调整，结合当代社会的特点，使学生能够更好地适应和应对现代社会的多元化、开放性和多样性。

2. 校园文化

学校礼仪教育是建立积极向上的校园文化的重要组成部分，通过各类活动培养学生的良好行为习惯和社交礼仪，为学生的全面发展和未来社会交往提供了重要的支持。

学校礼仪教育有助于塑造积极向上的校园文化氛围。校园文化是学校的精神灵魂，其直接关系到学生的成长和发展。通过在校园文化中注入良好的礼仪教育元素，可以使学生在校园中形成尊重、友爱、奉献的价值观念。通过组织校园文艺活动、志愿者服务等，可以培养学生的团队协作精神和社会责任感，形成积极向上的校园文化氛围。学校礼仪教育有助于培养学生良好的行为习惯。在学校的日常生活中，通过规范学生的行为，教育他们遵循基本的社交礼仪和校规校纪，强调在公共场合保持良好的仪容仪表、尊重师长、关爱同学等。这些礼仪教育不仅有助于学生在校园中建立良好的人际关系，还有助于培养他们在社会交往中的良好行为习惯。同时，学校礼仪教育应注重培养学生的社交礼仪。社交礼仪是学生进入社会后必不可少的技能，通过学校礼仪教育，可以帮助学生建立正确认知，形成得体的社交行为。培养学生在面对他人时的自信与谦逊、学会正确表达与倾听、理解多元文化背景下的社交技巧等。这些都是学校礼仪教育在培养学生社交礼仪方面的重要内容。学校礼仪教育还应通过开展一系列的主题教育活动，引导学生正确看待自己、他人和社会。通过举办关于文明礼仪、传统文化的讲座、主题班会等活动，让学生了解到良好的礼仪不仅是社会交往的需要，也是对自身品德修养的要求。这样的主题教育有助于引导学生形成正确的人生观、价值观，推动校园文化的建设。

学校礼仪教育通过建立积极向上的校园文化，培养学生良好的行为习惯和社交礼仪，为学生的全面发展和未来社会交往提供了有力的支持。通过注重礼仪教育，学校可以营造和谐、文明的校园氛围，为学生的终身发展打下坚实的基础。这种校园文化的建设不仅影响学生的个体成长，也对整个社会的文明程度和发展水平起到积极的推动作用。

（二）社会宣传与媒体引导

1.传统文化节目

社会宣传与媒体引导在传统文化的传承中起着至关重要的作用。通过编排和推广传统文化节目，借助电视、广播等媒体平台，可以有效普及传统礼仪文化知识，激发公众对传统文化的兴趣，进而促进传统礼仪的传承和弘扬。

传统文化节目的制作与推广能够通过媒体平台扩大传统礼仪文化的传播范围。传统文化节目作为一种形式多样、生动直观的传播方式，能够吸引更多观众的关注。通过电视、广播等媒体平台，传统文化节目可以覆盖更广泛的受众群体，包括各个年龄层次、社会阶层的人群。这样的传播方式有助于将传统礼仪文化知识传递给更多的人，使其深入人心，形成社会共识。传统文化节目的编排与推广能够激发公众对传统礼仪文化的兴趣与热情。通过生动有趣的节目形式，可以吸引观众的眼球，引发他们对传统文化的好奇心和兴趣。媒体平台的传播方式使传统文化不再显得沉闷乏味，而是以轻松愉悦的方式呈现，更容易引起年青一代的共鸣。这样的兴趣激发有助于让公众更加主动地去了解和学习传统礼仪文化，从而加深对其的理解与认同。同时，传统文化节目的制作与推广有助于改变公众对传统文化的认知，打破陈旧的观念。通过现代媒体的力量，传统文化节目可以通过先进的制作技术和创新手法，使传统礼仪文化焕发新的活力，以更好地适应当代社会的审美和需求。这种现代化的传播方式能够让传统文化呈现出时尚、多样、富有创意的一面，使公众更容易接受与理解。这样的认知改变有助于消除公众对传统文化的陈旧印象，促使更多的人积极参与传统礼仪的传承与弘扬。传统文化节目的制作与推广还可以促进社会对传统礼仪文化价值共识的形成。通过深入挖掘传统文化的内涵，突显其中的人文精神、道德观念等方面的价值，传统文化节目有助于引导社会形成对传统礼仪文化的共鸣与认同。这种共识的形成可以在社会层面推动对传统文化的传播，有助于形成更加健康、积极的文化氛围。这样的共识也有助于促使社会更好地保护和传承传统礼仪文化，使其在当代社会发挥更为积极的作用。传统文化节目的制作与推广通过媒体平台，还能够促进传统文化与当代文明的交流互鉴。在全球化的时代，各种文化相互渗透、交流互鉴是不可避免的趋势。传统文化节目既能够传播中华传统礼仪文化，也可以吸收其他文化的优秀元素，形成文化的交融与融合。这样的文化交流能够使传统礼仪文化更好地适应当代社会的需求，也为中华文化在国际社会中的传播提供了更为广阔的发展空间。

通过制作和推广传统文化节目，借助电视、广播等媒体平台，可以普及传统礼仪文化知识，激发公众对传统文化的兴趣，推动传统礼仪的传承与弘扬。这一过程不仅有助于传统文化的传播和发展，更达成了社会共识、促进了文化的多元发展，使传统文化在当代社会中焕发出新的生机。

2. 社交媒体引导

社交媒体在当今社会发挥着日益重要的作用，成为信息传递、文化传播的主要载体之一。通过在社交媒体平台上开展礼仪文化引导活动，可以通过新媒体方式传递传统礼仪的魅力，实现社会宣传与媒体引导的目的。这种方式既能够借助现代科技手段将传统文化传播得更为广泛，又能够顺应时代潮流，使传统礼仪更好地融入当代生活，推动礼仪文化在社会中的传承与发展。

社交媒体作为信息传递的重要平台，能够促进传统礼仪文化的传播。通过在社交媒体上开展礼仪文化引导活动，可以将传统礼仪的知识、实践方法、意义等信息迅速传递给广大用户。社交媒体的特点在于信息传播的快捷性和互动性，用户可以通过点赞、评论、分享等方式参与互动，形成良好的传播效应。这有助于将传统礼仪文化传播得更为广泛，使更多的人了解和关注传统礼仪的重要性，增强社会对礼仪文化的认同感。社交媒体引导活动能够使传统礼仪更好地融入当代生活，实现与时俱进的传承。在社交媒体上，可以通过各种形式的内容创作，如图文、视频等，展示传统礼仪在现代社会中的实际应用场景。通过这种方式，可以使传统礼仪不再显得过时、陈旧，而是更加贴近人们的生活。通过社交媒体平台的时尚、生活方式等热门话题，将传统礼仪与当代社会的潮流相结合，使其更具吸引力和影响力。这有助于激发年青一代对传统礼仪的兴趣，推动礼仪文化在当代社会中的传承与发展。社交媒体引导活动可以通过多元化的形式展示传统礼仪文化的丰富内涵。传统礼仪文化包含丰富的仪式、礼节、习俗等元素，通过社交媒体的多媒体特性，可以使其以更生动、形象的方式呈现。通过制作短视频、图文故事、直播等形式，展示不同场合下的传统礼仪实践，让用户更直观地感受传统礼仪的魅力。社交媒体的互动性也可以让用户参与到传统礼仪的展示和传播过程中，形成更为丰富、多样的传播形式。通过多元化的呈现方式，可以更好地吸引不同年龄层次、背景的用户，使更多人了解和喜爱传统礼仪文化。另外，社交媒体引导活动有助于构建社会共识，形成文明进步的风气。通过在社交媒体上普及礼仪文化知识、分享传统礼仪等美好实践，可以促使社会成员形成共同的文明行为标准。社交媒体平台上的信息传播速度快、受众广泛，通过大量用户参与，可以形成社会共识，推动社会文明的进步。在社交媒体上分享尊老爱幼、守时守序等良好习惯，可以引导更多人遵循这些礼仪规范，构建文明社会风尚。

通过在社交媒体平台上开展礼仪文化引导活动，可以让更多人感受到传统礼仪的独特魅力。社交媒体的广泛传播和互动性，为传统礼仪文化的传承与发展提供了新的机遇。这种方式不仅使传统礼仪文化更广泛地为社会所接受，也使其更好地融入当代生活，推动文明进步。社交媒体引导活动不仅仅是信息传递的手段，更是社会宣传与媒体引导的有效途径，对促进社会文明的发展具有重要意义。

二、家庭教育与社会活动的结合

家庭教育与社会活动的结合有助于培养全面发展的个体。家庭教育是儿童成长的起点，利用家庭的温暖和关爱，培养孩子的基本道德观念和价值观。与此同时，参与社会活动为孩子提供了更广阔的学习和成长空间，使他们在实践中学会合作、沟通和解决问题的能力。

家庭教育注重个体的情感和性格培养，而社会活动促使孩子更好地适应多元化的社交环境。在家庭中学到的关爱和尊重他人的态度，通过参与社会活动得以巩固和拓展，培养孩子积极主动、有责任心的品格。家庭教育与社会活动的结合还有助于孩子形成全面的兴趣爱好，提升综合素养。在家庭中培养的个人兴趣可以通过参与社会活动得到更多的锻炼和展示的机会，培养孩子的兴趣爱好，激发其学习和创造的热情。

因此，家庭教育与社会活动的有机结合是一种有效的教育方式，既强调个体情感和性格的培养，又通过社会互动促进其全面素质的发展。

（一）家庭礼仪教育

1. 父母示范

家庭礼仪教育在培养孩子良好礼仪习惯和道德品质方面起着至关重要的作用。父母作为孩子的第一任教师，扮演了示范者的角色。通过在日常生活中示范良好的礼仪行为，父母不仅传递了一种积极向上的价值观，更为孩子的全面成长奠定了坚实的基础。

父母在家庭中的仪表仪态和言行举止是孩子学习礼仪的第一手材料。父母的言行举止会对孩子产生深远的影响，因为孩子在成长过程中会模仿父母的行为。当父母展现出整洁得体、有礼有节的仪表仪态时，孩子会从中学到如何在社交场合中表现得体。父母的良好示范不仅是孩子学习礼仪的榜样，也是塑造家庭文化的关键。父母在家庭中的互动方式对孩子建立人际关系和学习沟通技巧会产生深远的影响。通过在家庭中展示尊重、理解、关爱的互动方式，父母可以培养孩子良好的人际交往能力。这种示范不仅教导孩子如何与家人相处，更为将来进入社会后的人际关系建设提供了有益的经验。父母的言传身教在这一过程中扮演了至关重要的角色，他们的表现直接塑造了孩子的人际交往观念和方式。父母处理家庭事务和解决问题的过程，也是孩子学习道德品质的重要来源。父母通过在家庭中展示责任心、诚实守信、公平公正的原则，可以培养孩子正确对待社会和人际关系的态度。父母的言行教育了孩子如何做出正确的道德判断，培养了孩子的良好品德。这种道德示范不仅为家庭营造了和谐的氛围，也为孩子的未来社会生活提供了重要的道德指引。在家庭礼仪教育中，父母的良好示范对孩子的性格发展和情绪管理也有深远的影响。父母在面对困难和挑战时，通过冷静沉着、积极应对的方式，为孩子树立了积极向上的榜样。这种积极的情绪管理方式有助于孩子在面对生活压力时更加理性和乐观。父母的心态和情绪管理方式成为孩子学习的楷模，影响着孩子的情感智慧和心理健康。

父母在家庭中的关爱表达也是家庭礼仪教育的重要组成部分。通过在日常生活中表达对孩子的关心、鼓励和支持，父母传递了一种温暖的家庭氛围。这种关爱不仅满足了孩子的情感需求，更培养了孩子对他人的关爱和同理心。在这种关爱的氛围中，孩子学会了如何关心家人、如何表达感激之情，形成了良好的家庭互动模式。

2. 家庭文化传承

家庭礼仪教育在传承文化方面扮演着重要角色。家庭是传承文化的最基本单元，通过家庭文化传承，培养下一代对传统礼仪的认同感。这种传承不仅是一种知识的传递，更是对价值观念和行为规范的传承，通过家庭礼仪教育，家庭将自身的文化传统代代相传，促使下一代在日常生活中树立正确的价值观和行为准则。

家庭礼仪教育通过言传身教的方式，将传统礼仪融入日常生活，使下一代在实践中逐渐形成对传统礼仪的认同感。在家庭中，父母作为孩子的第一任教师，通过自身的言行举止，无形中向孩子传递着家庭的文化价值观。在家庭聚餐时，父母可以借助传统礼仪规范，教导孩子如何尊重长辈、懂得分享等。这种言传身教的方式不仅生动、直观，更能潜移默化地影响着孩子对传统礼仪的接受和认同。家庭礼仪教育通过家庭文化传承，使下一代在家庭中感受到传统文化的底蕴和深度。家庭是文化的承载者，通过在家庭中传承文化，下一代能够更深刻地体验到传统文化的内涵。通过家庭的祭祖仪式、节庆庆典等活动，孩子能够感受到传统礼仪的独特魅力，培养其对传统文化的浓厚兴趣。这样的体验不仅使孩子对传统礼仪产生浓厚兴趣，还为他们产生认同感打下了坚实的基础。家庭礼仪教育通过家庭规范，帮助下一代建立正确的行为规范和价值观。在家庭中，父母可以通过设立家规家纪，以规范家庭成员的行为，强调尊重、孝顺、责任等价值观。这种家庭规范的建立有助于下一代明确家庭的行为标准，培养他们树立正确的价值观念。通过这样的家庭规范，下一代能够在日常生活中形成对传统礼仪的认同感，并将其内化为自己的行为准则。在家庭中，通过家庭成员之间的互动，可以更加直观地体现传统礼仪的重要性。家庭成员之间的交流互动不仅是对传统礼仪的实际运用，更是对家庭文化传承的生动体现。通过亲身参与家庭活动、共同庆祝节日等方式，下一代能够更好地体验到传统礼仪的魅力，增进对家庭文化的认同感。

家庭礼仪教育通过言传身教、文化传承、家庭互动等方式，培养了下一代对传统礼仪的认同感。这种认同感不仅使下一代在日常生活中能够更好地遵循传统礼仪，更为他们建立了正确的行为规范和价值观念。家庭在传承文化的过程中发挥了不可替代的作用，为社会的文化传承和发展做出了积极贡献。

（二）社会活动参与

1. 社区活动

通过组织社区活动，可以有效促使居民参与传统文化的传承与实践，进而形成社区共同推动传统礼仪文化建设的良好氛围。这一举措旨在通过社区活动的方式，让居民更深入地了解和体验传统礼仪文化，激发他们对这一文化传统的兴趣，促使其在日常生活中融入和传承这一宝贵的文化遗产。

社区活动为居民提供了参与传统文化的平台。通过举办传统文化体验、展览、讲座等社区活动，居民能够在轻松愉悦的氛围中感受到传统礼仪文化的独特魅力。可以组织传统艺术表演、手工艺制作等活动，让居民近距离感受传统文化的独特魅力。这样的社区活动不仅让居民在参与的过程中感受到乐趣，同时也使他们更深刻地理解和认同传统礼仪文化的重要性。社区活动有助于形成社区共同推动传统礼仪文化建设的良好氛围。通过参与社区活动，居民之间建立了更为紧密的联系和互动。在共同参与传统文化实践的过程中，形成了共同的价值认同和文化认同，加强了社区的凝聚力。这种社区共同推动的氛围有助于形成一种群体性的文化传承，使传统礼仪文化在社区中得到更好的传播和发展。社区活动也提供了一个互学互教的平台，促使居民在传统礼仪文化方面的知识得到丰富。通过组织传统文化讲座、建立工作坊等活动，居民能够分享自己的学习和体验，形成一种互帮互助的学习氛围。这种学习交流的模式不仅能够加深对传统礼仪文化的理解，也能够促进居民之间的交流和合作，形成一种共同学习的社区氛围。社区活动还能够激发居民对传统文化的自觉参与和主动实践。通过组织文化传承比赛、演出、展览等活动，居民有机会展现自己对传统文化的独特理解和创新实践。这种自觉参与和主动实践不仅能够激发个体的创造力和表达欲望，也有助于形成一种传统文化与当代生活相结合的社区文化氛围。在社区活动中，可以融入传统礼仪文化的元素，如在社区节庆活动中进行传统礼仪节目表演，或者在社区文化展览中展示传统礼仪的形成过程。这样的方式能够使传统文化与社区活动紧密结合，使居民在参与活动的过程中自然而然地接触到传统礼仪文化，从而激发对其的浓厚兴趣。社区活动还能够通过互动性和参与性的设计，使居民更加深入地融入传统礼仪文化的实践中。另外，还可以组织传统礼仪体验活动，让居民亲身参与其中，体验传统礼仪的魅力。这样的活动不仅能够增强居民对传统文化的感知，也能够使其在实际操作中更好地理解和掌握传统礼仪文化的精髓。

通过组织社区活动，让居民参与传统文化的传承与实践，可以形成社区共同推动传统礼仪文化建设的良好氛围。这一过程不仅为居民提供了丰富多彩的文化体验，也加强了社区的凝聚力和文化认同感。通过社区活动的推动，传统礼仪文化得以在当代社会中焕发新的生机，为社会文化的多样性和繁荣做出积极的贡献。

2. 志愿者服务

鼓励青少年参与志愿者服务是一种积极的社会活动参与方式，通过这样的服务活动，不仅能够培养青少年的社会责任感，还有助于他们建立良好的人际交往礼仪。志愿者服务作为社会参与的一种形式，旨在通过个体的自愿行为，为社会、他人提供帮助，同时也为参与者自身提供了一种全新的学习方式和成长机会。

志愿者服务能够培养青少年的社会责任感。通过参与志愿者服务，青少年能够更深刻地认识到社会中存在的各种问题和困境，进而激发他们的社会责任感。通过亲身参与社会服务，青少年能够深刻体会到自己的行为对他人和社会的影响，从而更加关注社会公益事业，培养对社会的责任感和使命感。志愿者服务为青少年提供了锻炼人际交往礼仪的机会。在志愿者服务中，青少年需要与不同背景、不同需求的人进行交往，这就要求他们具备一定的人际交往能力和良好的交往礼仪。通过与服务对象、其他志愿者及社区成员的互动，青少年能够学到如何尊重他人、沟通协调、处理冲突等重要的人际交往技能。这样的学习和锻炼有助于他们建立起积极、开放、合作的人际关系，为未来的社会交往打下坚实基础。志愿者服务也有助于培养青少年的领导力和团队协作精神。在志愿者服务项目中，青少年可能需要担任组织、协调的角色，这对培养他们的领导力和团队协作精神非常重要。通过组织志愿者小组、协调工作流程，青少年能够学到如何有效地领导和协作，从而提高他们的组织能力和团队合作精神。需要注意的是，志愿者服务并非仅仅是为了提升自身的能力，更是一种为社会、为他人奉献的精神行为。因此，参与志愿者服务的青少年应该保持谦逊和尊重他人的态度，关注服务对象的需求，真心实意地为社会做出贡献。

鼓励青少年参与志愿者服务是一种积极的社会活动参与方式。通过这样的服务活动，能够培养他们的社会责任感、锻炼人际交往礼仪，同时也有助于发展领导力和团队协作精神。这种参与方式不仅对个体的成长和发展有积极的影响，同时也对社会的和谐稳定、公益事业的推动起到积极作用。

第六章　中国传统礼仪文化教育教学

第一节　传统礼仪文化教育的概念

一、传统礼仪文化教育的内涵

传统礼仪文化教育是一种注重培养人们良好行为习惯和文明礼貌的教育体系。其内涵包括对传统礼仪的深入理解与传承，强调尊重长辈、坚守信用、注重仪容仪表等传统价值观。通过教育，人们能够领会传统礼仪的深层内涵，明白其中蕴含的道德准则和社交规范。传统礼仪文化教育还注重培养学生的综合素养，包括沟通技巧、团队协作、社交礼仪等方面的能力。这种教育不仅关注个体的道德修养，更强调社会文明的传承与发展。通过传统礼仪文化教育，人们能够更好地融入现代社会、理解和尊重他人，形成文明、和谐的社会风貌。

（一）文化传承与根本目标

弘扬传统价值观是传统礼仪文化教育的根本目标之一。通过传承中华传统的价值观念，如孝道、友谊、忠诚等，传统礼仪文化教育旨在激发学生对优秀传统文化的认同和热爱。这些传统价值观念蕴含着丰富的文化内涵，是中华文明的瑰宝，通过教育的方式传承给后代，可以使学生在成长过程中树立正确的人生观、价值观和道德观。

通过弘扬孝道，传统礼仪文化教育有助于培养学生对家庭的责任感。孝道是中国传统文化中的核心价值之一，注重对父母的尊敬和照顾。通过教育，学生可以理解孝道的深刻内涵，明白家庭是社会的基本单位，培养孝敬父母的情感，形成良好的家庭观念。通过弘扬友谊，传统礼仪文化教育有助于培养学生团结合作、友爱互助的品质。友谊是中华传统价值观中的重要组成部分，强调人际关系的和谐与团结。通过传承友谊的理念，学生可以学会尊重他人、理解他人，培养团队协作的能力，建立健康的人际关系，为未来社会交往奠定基础。通过弘扬忠诚，传统礼仪文化教育有助于培养学生对事业、家庭的忠诚精神。忠诚是中华传统价值观中的重要品质，强调对事业、对国家、对亲人的忠心耿耿。通过教育，学生可以了解忠诚的内涵，培养其对社会的责任感，培养对事业和家庭的忠诚精神，形成为社会和他人奉献的信仰和行动。

弘扬传统价值观和树立文明行为榜样是传统礼仪文化教育的另一个根本目标。通过传承中华传统的价值观念，培养学生的良好道德品质，以及通过为学生塑造文明礼仪行为的榜样，使其在社会生活中养成良好的行为习惯。

文明行为是社会和谐稳定的基石，而传统礼仪文化正是倡导文明行为的重要力量。通过塑造文明言行，传统礼仪文化教育有助于培养学生的言传身教的意识。在教育中，可以通过引导学生模仿传统文人雅士的风度，培养他们在言谈举止中体现出文明礼仪的风采。通过这种方式，学生能够自觉地在生活中践行文明行为，成为社会中的文明使者。通过引导学生尊重他人，传统礼仪文化教育有助于培养学生的社会责任感。尊重他人是文明行为的基本要求，而传统礼仪文化正是注重尊重他人的价值观念的具体表达。通过强调仪容仪表，传统礼仪文化教育有助于培养学生的仪表形象和良好的个人形象。仪容仪表是社交场合中的重要因素，而传统礼仪文化也强调仪容仪表的重要性。通过教育，学生能够认识到仪容仪表对个人形象的影响，养成良好的仪容仪表习惯，提高自身在社会中的形象和影响力。

（二）培养文明公民与全球视野

培养文明公民与全球视野是当代教育的重要任务之一，传统礼仪文化教育在其中发挥着关键作用。通过传统礼仪文化的教育，既可以培养学生成为具有全球视野的公民，增进对世界文化的理解和尊重，同时强调社会责任与文明礼仪的结合，培养学生具备服务社会的责任感和使命感。这一过程不仅有助于传承和弘扬传统礼仪文化，也为塑造新时代的公民素养奠定了坚实的文化基础。

传统礼仪文化是中华文明的重要组成部分，蕴含着丰富的文化内涵和价值观。通过对传统礼仪文化的学习，学生能够深入了解中华文明的博大精深，领悟其中蕴含的智慧和哲学思考。同时，传统礼仪文化也反映了中华民族对待他人、对待社会、对待世界的态度和理念。通过深入研究和实践传统礼仪，学生能够培养跨文化交流的能力，提升对不同文化的理解和尊重，形成开放包容的国际视野。传统礼仪文化教育强调社会责任与文明礼仪相结合。在传统礼仪中，社会责任是不可或缺的一部分，体现在个体对家庭、社会和国家的责任与义务等方面。通过传统礼仪文化的学习，学生能够深刻体验到文明礼仪背后所蕴含的社会责任感。传统礼仪注重个体与他人之间的和谐相处，注重个体对社会的贡献，这与当代社会倡导的社会责任感高度契合。通过强调社会责任与文明礼仪的结合，培养学生具备服务社会的责任感和使命感，激发他们为社会发展贡献力量的积极性和热情。在全球化的背景下，培养具有全球视野的公民不仅仅是对传统文化的传承，更是为了积极地适应多元文化交融的现代社会。传统礼仪文化作为中华文明的瑰宝，其所蕴含的智慧和价值观在全球化的时代具有重要的启示作用。通过传统礼仪文化的教育，学生可以更好地理解并尊重其他国家和地区的文化差异，形成开放包容的国际化视野。这种全球视野的培养不仅有助于促进国际文化交流与合作，还能够提高个体在国际舞台上的竞争力和影响力。

同时，传统礼仪文化注重的社会责任感培养与现代社会对公民素养的要求高度契合。社会责任感是公民在社会中担当角色、履行义务的表现，通过对传统礼仪文化的教育，学生能够从中汲取社会责任感的养分。传统礼仪中的尊敬他人、关爱家庭、忠诚国家的价值观念，为学生树立了正确的人生观和社会观。通过将这种价值观念融入社会责任的培养中，学生能够更好地理解自己在社会中的定位，更加积极地参与社会建设和发展。

二、传统礼仪文化教育的实施手段

传统礼仪文化教育的实施手段多样，包括课堂教育、实践活动和社会文化渗透等。学校可以将传统礼仪文化纳入课程体系，通过专门的课程或融入各科教学，使学生积极主动学习传统礼仪的知识和技能。

学校通过举办传统礼仪文化体验活动，如礼仪培训、传统文化讲座、校园仪式等，让学生在实践中感受传统礼仪的魅力，培养其实际运用的能力。社会文化渗透方面，学校可以通过媒体、网络等渠道传播传统礼仪的相关信息，引导社会公众关注和尊重传统礼仪。

同时，社区、家庭也是实施传统礼仪文化教育的重要阵地，通过传统文化主题活动、家庭教育等方式，加强对传统礼仪的传承与弘扬。这些手段相互配合，共同促进传统礼仪文化教育的全面推进，使其在现代社会得到有效传承和发展。

（一）课堂教学模式创新

在传统礼仪教育的课堂教学中，通过创新教学模式，引入互动式授课和实地考察等形式，可以使学生更积极地参与、更深入地体验传统礼仪文化，从而使传统礼仪教育更加生动有趣、富有实践性。

互动式授课是传统礼仪教育中一种创新的教学模式。传统的课堂教学往往以讲授为主，学生在被动接受知识的过程中难以对学习产生浓厚的兴趣；而互动式授课模式通过引入小组讨论、角色扮演等形式，能够激发学生的积极性和主动性。通过小组讨论，学生可以在与同学互动的过程中分享观点、交流思想，促使大家深入思考传统礼仪的重要性和实际应用。同时，通过角色扮演，学生可以身临其境地模拟不同场景下的礼仪行为，更好地理解和体验传统礼仪的实际运用。互动式授课不仅能够增加学生的学习参与度，也使传统礼仪教育更富有趣味性，有助于提高学生的学习兴趣。

实地考察是传统礼仪教育中的另一种创新教学模式。传统礼仪涉及丰富的仪式、场合和实际操作，通过实地考察，学生可以亲身体验传统礼仪文化，将理论知识与实际应用相结合。安排学生参观古代庙会、传统婚礼、茶道表演等活动，让他们亲眼看见和参与传统礼仪的实际过程。实地考察有助于学生更深入地了解传统礼仪的历史渊源、演变过程以及在不同文化场景中的具体表现。通过这种方式，学生能够在实践中更好地掌握和体验传统礼仪文化，增强他们对传统文化的认同感和情感投入。在实地考察的过程中，教师可以设计一些互动性强的任务，如学生在考察现场完成一定的礼仪任务，或者通过小组合作完成实地调研报告等。这样的设计能够促使学生主动思考问题、积极合作，更好地理解和运用传统礼仪。

互动式授课和实地考察相结合，可以在传统礼仪教育中形成一种更为立体、全面的教学模式。在课堂上，通过互动式授课激发学生兴趣，培养他们的学习主动性；而在实地考察中，学生能够将所学知识付诸实践，拓展其对传统礼仪的理解深度。这样的教学模式能够更好地满足学生对实际体验和交互学习的需求，使传统礼仪教育更具有实际指导性和操作性。为了更好地贯彻互动式授课和实地考察的教学模式，教师在教学设计上也需精心安排。在互动式授课中，教师可以设计富有启发性和引导性的问题，引导学生思考和讨论。在实地考察中，教师可以结合考察场景，设计相关的任务和讨论，使学生能够在实践中深入思考和体验。同时，鼓励学生提出问题、表达观点，促使他们在交流中更好地吸收和消化传统礼仪文化知识。

（二）校园文化活动结合

校园文化活动与传统礼仪的结合是促进学生对传统文化认知与参与的重要途径。通过主题策划活动和志愿者服务，学生既能在校园内亲身体验传统礼仪，又能通过实际参与社会服务活动来培养社会责任感。这不仅为学生提供了锻炼和发展的机会，同时也为传统文化在校园中的传承奠定了坚实的基础。

主题策划活动是校园文化活动与传统礼仪结合的关键。在校园内组织传统礼仪主题的文化活动，如传统节日庆典、礼仪大赛等，可以有效激发学生对传统文化的兴趣。通过活动策划，学校可以将传统礼仪融入校园生活中，使之成为学生日常经验的一部分。比如，举办春节庆祝活动、组织学生参与传统的舞龙舞狮、进行传统音乐演奏等，使学生亲身感受到传统节庆的独特魅力。同时，通过礼仪大赛，可以促使学生主动学习和模仿传统礼仪，培养其良好的言谈举止和社交礼仪，进而推动传统礼仪在校园中的传承。志愿者服务是另一种促使学生参与传统礼仪的途径。通过鼓励学生参与社会服务活动，特别是以志愿者形式实践传统礼仪，有助于培养学生的社会责任感。在志愿者服务中，学生不仅能够在实际行动中理解传统礼仪的实际应用意义，还能通过与他人的互动，传递传统文化的精神内涵。组织学生走访社区，为老年人提供慰问和帮助，这不仅锻炼了学生的社交能力，还通过实际行动传承了尊敬长辈、关爱弱势群体的传统礼仪观念。在志愿者服务中，可以设立专门的传统礼仪服务小组，由学生自愿组成，负责在各类社会服务活动中推广传统礼仪。参与校外公益活动时，组织学生进行开场致辞、接待嘉宾等礼仪性质的工作，通过实践传统礼仪规范，培养学生的组织能力和公共交往技能。此外，还可以通过为社区居民提供传统节庆服务，如举办传统文化讲座、传统手工艺品展览等，促使学生主动了解和传承传统礼仪，实现校园文化活动与传统礼仪的深度融合。在传统文化活动中，可设置互动环节，鼓励学生积极参与，感受传统礼仪的魅力。在传统节庆庆典中，设立互动游戏环节，邀请学生参与传统礼仪体验，如穿着传统服饰进行古老的舞蹈或仪式等。通过这种方式，学生能够在愉快的氛围中感受传统礼仪的趣味，增强其对传统文化的兴趣。

传统文化的传承也可以与课程相结合，将传统礼仪融入相关学科的教学中。在语文课程中设置专题讲座，介绍中国传统礼仪的历史、演变历程及在不同场合的运用；在艺术课程中，组织学生学习传统绘画、书法等艺术，让学生在创作中体验传统文化的独特魅力。

第二节　礼仪教育的基本理论

一、礼仪教育的文化理论

礼仪教育的文化理论强调通过培养良好的礼仪习惯，传承文化传统，促进社会文明的发展。这一理论认为，礼仪是文化的一部分，是对社会规范和价值观的具体表达。通过礼仪教育，人们能够理解和遵循特定社会的行为规范，提升文明素养。文化理论中强调礼仪不仅是一种外在形式，更是一种深层次的文化体现。礼仪作为文化的传承媒介，通过仪式、习俗、传统活动等方式，将文化观念、价值体系传递给后代。这种传承既体现在日常生活的小细节中，也表现在重大仪式和社会活动中。

礼仪教育的文化理论提倡尊重多元文化，通过理解与尊重不同文化的礼仪差异，推动文明的多元共存。这一理论为培养全面发展的公民、建设和谐社会提供了理论支持。

（一）文明礼仪与文化传承

礼仪教育理论认为，文明礼仪是文化传承的重要组成部分，通过学习礼仪，能够更好地理解和传承中华传统文化。文明礼仪作为文化传承的一部分，不仅是一种行为规范，更是一种文化的表达和传达方式。在礼仪的背后，蕴藏着深厚的文化内涵，反映了社会的伦理观念、道德准则及人际关系的理念。文明礼仪既是一种社会行为规范，也是文化传承的媒介，通过学习和传承礼仪，人们能够更好地了解和沿袭中华传统文化的丰富精神内涵。

文明礼仪的本质在于其对文化价值的传递。在中华传统文化中，礼仪被视为维系社会秩序、传承文化的纽带。通过学习文明礼仪，个体能够领悟到其中蕴含的中华传统文化的精神，包括崇德向善、尊老爱幼、重视家族关系等方面。传递这种文化价值不仅是通过形式化的礼仪动作，更是通过对背后文化内涵的理解和吸收。因此，文明礼仪作为一种文化传承的载体，既传达着中华传统文化的丰富内涵，又促使人们在实际生活中去践行这些文化价值。在新的社会背景下，人们对文明礼仪提出了新的要求，如注重包容、多元文化的交流等。通过学习当代的文明礼仪，人们能够更好地适应现代社会的发展需求，理解并应对多元文化的挑战。

文明礼仪的历史演变与发展是中华传统文化传承的重要方面，它反映了社会的变迁和文化的传承。通过学习礼仪的历史，人们能够更全面地理解中华传统文化的丰富内涵，从而更好地传承和发扬这一宝贵的文化遗产。

（二）礼仪教育与社会规范

礼仪教育理论被视为社会秩序的基础。在社会中，人们相互交往，需要一定的规范来保障社会的和谐与稳定。礼仪作为一种行为规范，通过规定人们在不同场合的行为方式和应有的态度，有助于建立清晰规范的社会秩序。在公共场所保持队列、尊重他人的意见、遵守交通规则等都是礼仪的具体体现，这些规范性的行为有助于预防冲突，维护社会的正常运行。礼仪教育通过向个体传授这些规范，使其具备正确的社会行为准则，从而为社会秩序的构建奠定了基础。礼仪教育理论深刻研究礼仪与行为规范的关系，强调礼仪教育对培养正确价值观的重要性。礼仪不仅仅是一种形式化的行为规范，更是一种文化传统和价值观念的体现。通过礼仪，人们传递出对他人的尊重、对社会秩序的敬畏及对美好生活的追求。礼仪教育可以教导个体正确运用礼仪规范，引导其形成积极向上的行为模式和人生态度。尊重长辈、关心弱势群体、保持公共场所的整洁等礼仪行为的背后，反映了对社会责任和社会公德的认同。这些行为规范的背后蕴含的价值观念有助于培养个体积极向上的品格和态度。在社会规范的制定和传承过程中，礼仪教育起到了至关重要的作用。礼仪教育通过对传统文化的深入挖掘和传承，将古老的行为规范和价值观念传递给后代。通过学习传统礼仪，个体能够接受和融入社会规范体系，形成对社会秩序的敬畏心理。这种传承不仅有助于保持社会的稳定，还能够让个体在社会中更好地融入和发展。

礼仪教育在礼仪教育理论中被看作社会规范的基石，它通过规范人们的行为举止，以便维护社会的和谐与稳定。同时，礼仪教育也深入研究礼仪与行为规范的关系，强调其对培养正确价值观的重要性。在社会规范的传承中，礼仪教育发挥着不可替代的作用，为个体的行为规范和价值观的形成奠定了深厚的文化基础。

（三）礼仪教育与人格修养

礼仪教育的文化理论强调礼仪与人格修养之间的紧密联系，认为通过学习和实践礼仪，可以塑造良好的品格，培养学生端正的人生态度和道德品质。同时，礼仪教育理论关注礼仪与个体修养的内在联系，通过修身养性提升学生的道德修养。

礼仪教育理论强调礼仪对塑造良好品格的积极影响。礼仪作为一种文化规范和社交行为的表达，要求个体在特定场合使用特定的言谈举止。通过学习和遵循礼仪规范，学生能够培养出谦逊、尊重、宽容等积极向上的品格特质。尊敬长辈、关心他人、待人有礼等礼仪行为，不仅体现了文明社会的基本规范，也促使个体在实践中逐渐形成积极向善的品格。礼仪教育理论强调礼仪与道德修养的内在联系。礼仪不仅仅是一种外在的行为规范，更是一种反映内在修养的文化象征。通过学习和实践礼仪，个体在修身养性的过程中逐渐提升道德修养。礼仪的背后蕴含着对他人的尊重、对社会规范的认同，这种内在的修养在日常行为中得以体现。在面对困难时保持冷静、在取得成就时保持谦虚，这些都是通过礼仪教育培养出的内在修养，体现了学生在道德层面的成长。同时，礼仪教育理论注重培养学生的人生态度。礼仪作为文化传统的一部分，不仅关注个体的行为方式，更涉及对人生的态度和对社会的认知。通过学习礼仪，学生能够建立正确的人生观和社会观，培养出积极向上的态度。学会在不同场合展现适当的礼仪，表达对他人的尊重和理解，有助于塑造学生积极、阳光的人生态度。礼仪教育理论还强调礼仪对社交能力的提升。礼仪作为社交行为的一种表达方式，要求个体在与他人交往时能够妥善处理各种问题，展现良好的社交素养。通过学习礼仪，学生能够提高自己的社交能力，更好地适应社会环境。学会在正式场合中使用得体的言谈举止，能够更好地与他人建立良好的人际关系，有助于学生更好地发展和融入社会。

综上所述，礼仪教育的文化理论认为，通过学习和实践礼仪，可以塑造学生良好的品格，培养学生端正的人生态度和道德品质。同时，礼仪与个体修养有着内在的联系，通过修身养性可提升学生的道德修养。礼仪教育的重要性不仅体现在对行为的规范上，更蕴含着对文化传统和人生哲学的理解，对学生成长成才有着深远的影响。

二、礼仪教育的教学原则

礼仪教育的教学原则包括深化理论学习、实践体验、注重情感教育和贯彻个性化培养。

深化理论学习，通过系统讲解礼仪的起源、演变和背后的文化内涵，让学生深刻理解礼仪的意义和价值。

实践体验是礼仪教育的重要组成部分，通过模拟场景、角色扮演等方式，让学生在实际情境中感受和运用礼仪。这有助于将理论知识转化为实际行为。

注重情感教育是培养良好礼仪习惯的关键。通过情感教育，激发学生对文化传统的热爱，增强学生对礼仪的认同感，使之内化为日常生活中的自然表现。

贯彻个性化培养。根据学生的个性差异、文化背景，因材施教，使礼仪教育更加贴近学生的需求，提高学生对礼仪的接受度和实际运用能力。

这一系列教学原则共同构建了全面、灵活的礼仪教育体系。

（一）理论与实践相结合

在礼仪教育中，将理论与实践相结合是一种有效的教学方法。理论指导教学强调通过系统的理论知识传授，使学生深入理解礼仪的内涵和历史演变。与此同时，实践操作贯穿全程，通过实际操作使学生不仅理解礼仪的理论知识，还能够掌握实际应用的礼仪技能，确保理论与实践相辅相成。

理论指导教学在礼仪教育中占据着重要地位。通过系统的理论知识传授，可以帮助学生建立对礼仪的全面认识。教师可以依托教材、历史文献等资料，讲解礼仪的起源、发展演变历程、不同文化中的差异等方面的知识。理论知识的传授有助于学生形成对礼仪的系统性认知，使其能够理解礼仪不仅仅是一种行为方式，更是文化传统、社会规范的表达。通过理论指导，学生可以对礼仪有一个更为深刻的认识，为后续的实践操作奠定基础。实践操作贯穿全程，是将礼仪教育落实到实际生活中的关键环节。理论知识的学习是为了更好地应用于实际情境。在教学中，可以通过模拟场景、角色扮演等方式，使学生在实践中运用礼仪知识，培养其实际操作能力。在教学中可以模拟设计商务场合、社交活动等场景，让学生在这些情境中进行礼仪操作。这样的实践操作既能够让学生更加深入地理解理论知识，也能够锻炼其在实际生活中运用礼仪的能力。实践操作还可以通过参观、实地考察等方式来进行。组织学生参观传统婚礼、宴会、庙会等活动，让他们亲身感受和观察各种礼仪的表达方式。通过这样的实地考察，学生能够更加直观地了解礼仪的具体实践，加深对理论知识的印象，并在实际操作中得到更全面的培养。在实践操作中，教师还可以通过案例分析、小组合作等方式促使学生的参与。通过让学生分析不同情境下的礼仪问题，并提出解决方案，可以培养其分析问题和解决问题的能力。小组合作可以促使学生在协作中相互学习，共同探讨礼仪实践中的挑战和应对方法，促进彼此的共同成长。

通过理论与实践相结合的教学模式，可以使礼仪教育更为全面、深入。学生通过理论学习建立了对礼仪的理性认知，而通过实践操作锻炼了对礼仪的实际应用能力。这样的教学模式不仅有助于学生形成正确的礼仪观念，更能够培养其在社交场合中得体、自信的言谈举止。

（二）个性差异与尊重原则

礼仪教育的教学原则强调尊重学生个性差异，采用多样化的教学方法，满足不同学生的学习需求。尊重学生个性是一种当前比较流行的教育理念，认为每个学生都是独特的个体，具有独特的兴趣、特长、学习风格和思维方式。在礼仪教育中，尊重学生个性意味着教育者应当充分理解和接纳学生的差异，倡导平等对话，使学生在学习过程中感受到被尊重和被理解。

尊重学生个性的实践体现在教学方法的多样性上。教育者需要根据学生的不同特点采用灵活多变的教学策略，使每个学生都能够找到适合自己的学习方式。喜欢图形表达的学生可以采用图示化的教学材料，而更喜欢语言表达的学生可以通过言语交流更好地理解礼仪文化。尊重学生个性也意味着关注学生的兴趣和特长。在礼仪教育中，可以通过关联学生的兴趣点，引导他们主动参与学习。例如，对历史感兴趣的学生，可以通过探讨古代礼仪的历史演变来激发他们的学习兴趣。教学中在注重培养学生保持个性的同时，合理融入礼仪文化，形成个性与礼仪的良好结合。在礼仪教育的实践中，不仅仅要尊重学生个性的差异，还要引导学生在保持个性的基础上，逐步融入礼仪文化，使个性与礼仪形成一种良好的互动关系，培养学生的自我认知和情商。在尊重学生个性的同时，引导他们认识自己的特点、优势和不足。通过个体辅导或小组讨论等方式，使学生更深刻地了解自己的情感需求和行为模式，为他们在礼仪融合中找到更好的平衡点并提供支持。通过情境模拟和角色扮演等形式，培养学生在特定场合中运用礼仪的能力。在这个过程中，教育者可以充分考虑学生的个性特点，设计符合他们兴趣和喜好的角色扮演情境，使他们能够在实际场景中更好地体验和运用礼仪。

通过塑造班级文化，创设一个有利于学生个性发展和礼仪融合的学习环境。建立一个充满尊重和包容氛围的班级，鼓励学生分享自己的特长和独特之处，让每个人都感受到自己的存在价值。在这样的环境中，学生更愿意接受礼仪的教育，主动参与到礼仪文化的传承中。尊重学生个性发展与礼仪的融合是礼仪教育中至关重要的原则。通过充分尊重学生的个性差异，采用多样化的教学方法，同时注重在保持个性的基础上合理融入礼仪文化，可以更好地促进学生的全面发展，使他们在尊重和保持个性的同时能够更好地融入和传承中华传统的文明礼仪。

（三）实用性与现代性结合

礼仪教育在教学原则上注重实用技能的培养，旨在使学生能够在实际生活和职业场合中应对自如。同时，为适应现代社会的需求，礼仪教育不断融入现代元素，使学生在传统礼仪的基础上更好地适应现代社会。在这一过程中，注重实用性与现代性的结合成为礼仪教育的重要发展方向。

礼仪教育注重实用性，着眼于培养学生实用性的礼仪技能。传统礼仪涵盖了丰富的礼节和规范，但其实际应用需要学生具备实际操作的能力。因此，礼仪教育注重通过实际的培训和模拟情境来锻炼学生的礼仪技能，使其在各种场合能够得体地展现自己。在商务场合，学生通过实际练习能够更好地掌握礼仪规范，提高实际应用能力。礼仪教育融入现代元素，结合现代社会要求，使其更符合当代社会的发展趋势。随着社会的不断变革，礼仪教育需要不断更新教学内容，关注当代社会的新兴礼仪和潮流。在现代社会中，一些传统礼仪可能会因为社会结构、科技进步等方面的变化而需要调整或改革。因此，礼仪教育将现代元素融入教学内容，使学生能够更好地适应现代社会的要求。通过讲解网络社交礼仪、虚拟空间中的表达方式等，使学生了解并掌握数字化时代的社交礼仪。礼仪教育还注重培养学生的创新能力，使其在传统礼仪的基础上能够灵活应变。现代社会注重个性化和多样性，礼仪教育通过激发学生的创造力，引导他们在传承传统礼仪的基础上发展出适应现代社会的新型礼仪。鼓励学生在特殊场合创新礼仪，以适应社会多样性和变化的需求。这样的教育能够使学生更好地理解并运用礼仪原则，形成灵活而不失庄重的社交行为方式。

注重实用性与现代性的结合是礼仪教育的发展趋势，通过培养学生实用的礼仪技能，同时融入现代元素，使学生更好地适应现代社会。这种教育方式不仅有助于学生在职业场合和社交场合中展现良好的礼仪形象，还能够提高他们在当今社会中的竞争力和适应能力。

第三节　中国传统礼仪文化教育资源与价值

一、中国传统礼仪文化教育资源

中国传统礼仪文化教育资源丰富多样，涵盖文字典籍、文化遗产、学术研究等多个方面。古代经典如《礼记》《周礼》等都是有关礼仪文化的卓越著作，提供了深刻的理论基础。同时，历代文人的诗歌、文章，如《诗经》《论语》等，也反映了古代礼仪观念与实践。

文化遗产方面，如古建筑、传统服饰、传统音乐等都是重要的教育资源，通过实地体验和展览活动，能够深入了解礼仪文化的历史演变。学术研究成果如礼仪学、儒学研究等，为深入理解礼仪提供了理论支持。

现代科技也为传统礼仪文化教育提供了新途径，通过在线课程、数字图书馆等方式，使传统礼仪文化资源得以更广泛地传播。这些资源的整合与应用，为中国传统礼仪文化的教育提供了全方位、多层次的支持。

（一）传统仪式的模拟实践

安排学生参与传统仪式的模拟实践，让学生亲身感受传统礼仪文化的仪式感和庄重氛围。这种模拟仪式体验不仅可以帮助学生更深入地理解传统礼仪的内涵，同时也为他们提供了实践操作的机会，使传统礼仪不再仅仅是抽象的概念，而是可以在实际场景中得以应用和体验的。

通过选择一些具有代表性的传统仪式，如开笔礼、拜师仪式等，为学生展示这些仪式的过程和流程。首先，在展示过程中，教育者可以详细解读每个环节的含义，让学生深入了解仪式背后的文化内涵。开笔礼的意义在于启蒙学子对知识的向往，拜师仪式则强调对师生关系的尊重和传承。接下来，通过组织学生进行模拟仪式体验，教育者可以将学生分成小组，每个小组负责模拟一个特定的传统仪式。在模拟仪式中，学生需要扮演相应的角色，进行仪式动作和仪容仪表的演练。通过实际操作，学生可以更直观地感受到传统仪式的庄重、肃穆。

在模拟仪式中，可以引导学生共同探讨每个仪式背后的文化含义，促使他们形成对传统礼仪的深刻理解。在模拟传统婚礼时，学生可以讨论婚姻的意义、家庭责任等方面的问题，从而更好地理解传统婚礼的文化内涵。

在实践过程中，指导学生展示正确的仪式动作和整洁仪容仪表，确保他们能够准确理解并规范执行传统礼仪。实践操作指导是确保模拟仪式体验达到教育效果的关键环节。教育者可以自己进行演示，或者邀请专业的礼仪人员进行示范，使学生能够清晰地看到每个动作的要领和注意事项。通过示范，学生可以更好地理解仪式动作的含义和执行要求。通过分组指导的方式，让学生在小组内相互协作、互相指导、相互纠正。这样的分组指导可以提高学生的参与度，使每个学生都能够亲身体验到正确的仪式操作。同时，通过组内互动，学生还能够相互学习，分享彼此的理解和感悟。在指导过程中，教育者还可以针对学生可能遇到的问题进行解答和指导。对于某些仪式动作的含义不明确的地方，可以进行详细的解释；对于学生可能犯的常见错误，可以及时纠正。通过细致入微的指导，确保学生在模拟仪式体验中能够真实地感受传统礼仪的庄重和规范。

传统仪式的模拟实践是一种深入传统礼仪文化的有效方式。通过模拟仪式体验，学生不仅可以亲身感受到传统礼仪的仪式感和庄重氛围，还能够在实践操作中逐步掌握正确的仪式动作和仪容仪表。通过实践操作指导，教育者可以确保学生能够准确理解并规范执行传统礼仪，从而更好地传承和弘扬中华传统的文明礼仪。

（二）文化遗产的参访学习

文化遗产的参访学习是礼仪教育中一种重要的实践方式，通过对博物馆等场所的参观以及参与专家讲座进行互动，学生能够深入了解和感受中国传统礼仪文化的实际展示和深层次内涵。

博物馆等场所的参访给学生提供了直观感受传统礼仪文化的机会。在博物馆中，学生可以接触到丰富的历史文物和实物，了解古代礼仪的实际应用场景。通过观察和亲身体验，学生可以感受到传统礼仪在各个历史时期的演变和发展过程。专家讲座与互动为学生提供了理论深度和深层次内涵的学习机会。组织专家进行讲座，使学生能够在专业的指导下系统地学习传统礼仪文化的历史渊源、演变过程、影响因素等方面的知识。专家通过深入解析和阐释，使学生对传统礼仪文化有更为全面和深刻的理解。通过与专家进行互动，学生有机会提出问题、分享见解，促进其深层次的讨论与思考。这种形式的学习可以帮助学生更好地把握传统礼仪文化的精髓，提高其理论水平和学科素养。

文化遗产的参访学习是礼仪教育中不可或缺的一环。通过实地参观博物馆等场所，学生可以亲身感受传统礼仪文化的独特魅力，形成直观印象；而专家讲座与互动则提供了更为深刻的理论指导，使学生能够在传统礼仪文化的深层次内涵上有更为全面的认识。这两种形式的学习相辅相成，共同促进学生对传统礼仪文化的全面理解和深刻体悟。

二、中国传统礼仪文化教育的价值

中国传统礼仪文化教育具有重要的价值，它是培养人们道德品质的有效途径。通过学习和传承传统礼仪，人们能够树立正确的价值观，培养其尊重他人、坚守信用、谦和有礼的良好品质。

传统礼仪文化教育有助于弘扬中华文化，传承中华民族的优秀传统。这有助于增强文化认同感，维护和传承中华文明的独特价值。传统礼仪文化教育能够促进社会和谐与稳定。培养良好的人际关系、家庭关系，有助于构建和谐社会，减少社会矛盾，提升社会整体的文明程度。

中国传统礼仪文化教育不仅具有深厚的文化内涵，更是一种培养道德、传承文明、促进社会和谐的重要手段，对个体和社会都有积极而深远的影响。

（一）社会融入与职业素养

社会融入与职业素养是教育中至关重要的方面，通过综合运用教育资源，可以有效提升学生的社会交往技能。社会交往是个体在社会中顺利融入的关键能力，通过教育资源的合理运用，学校可以为学生提供丰富多彩的社交实践机会。组织学生参与社会实践、社区服务等活动，通过亲身经历不同的社会场合，学生可以提高在不同环境下的人际交往能力。通过开展模拟面试、团队合作等活动，学生能够锻炼自己的沟通能力、团队协作能力，使其在社会交往中言行更加得体、自信。通过巧妙地运用教育资源进行职场礼仪培训，有助于使学生了解职场礼仪的重要性，为将来的职业生涯做好充分的准备。职场礼仪是个体在职业生涯中必备的素养，对顺利融入职业社会具有重要意义。通过开设职业素养课程、职场模拟培训等活动，学生可以系统学习职场礼仪的知识和技能。学习如何进行正式场合的言谈举止、如何处理职场人际关系等方面的知识，有助于学生在职业生涯中更加从容自信地应对各种场合。

综合运用教育资源，特别是注重实践性的社会交往实践和职场礼仪培训，有助于学生全面提升社会融入能力和职业素养。这不仅使学生在社会中更具竞争力，也为其未来的职业发展打下坚实基础。通过实际操作、亲身体验，学生能够更深刻地理解社交礼仪和职场行为规范，从而更好地适应社会环境。学校可以利用各类社会资源，如邀请专业人士、企业家等行业精英进行讲座和交流活动，分享他们在职业生涯中的成功经验和职场礼仪心得。这种亲身经历的分享能够使学生更加直观地了解职场的挑战和机遇，增强其对职业素养的认知和理解。

（二）文化认同与自我认知

在礼仪教育中，文化认同与自我认知是密不可分的，通过引导学生认同中华传统礼仪文化以及激发他们对自身形象的认知，可以培养学生积极向上的礼仪习惯，从而形成更加积极向上的个体形象。

传统文化认同是培养学生礼仪习惯的重要基础。通过教育资源的引导，可以帮助学生建立对中国传统礼仪文化的自豪感和认同感，形成深厚的文化认同。教育资源包括教材、文学作品、历史故事等，通过这些资源，学生可以更深入地了解传统礼仪文化的内涵和价值。通过学习古代经典著作、传统文学作品中的礼仪描写，学生能够感受到古代文人雅士的高尚风范，形成对传统礼仪的认同。同时，通过对历史故事的讲解，学生能够了解古代人民在各种场合中的礼仪行为，加深对传统礼仪文化的理解。在这样的教育引导下，学生在潜移默化中形成对传统礼仪文化的认同，从而更加愿意接受和尊重传统礼仪。自我形象塑造是培养学生良好礼仪习惯的重要环节。激发学生对自身形象的认知，使其明白良好的礼仪习惯对自我形象的重要影响，是培养积极向上个体形象的关键。在礼仪教育中，可以通过培养学生的自我认知能力，使其更加清晰地认识到自己在社交场合中的形象展示与他人交往的关系。通过引导学生对自身的言谈举止进行分析和反思，使其认识到不同的礼仪行为对他人印象和自己形象的影响。通过角色扮演、模拟社交场景等方式，让学生在实践中感受到不同礼仪行为对交往的影响，加深他们对自身形象的认知。通过这样的教育过程，学生能够逐渐树立积极向上的自我形象，更加注重自己在社交场合中的仪态和礼仪规范。

文化认同与自我认知相辅相成，两者之间相互促进、共同发展。通过培养学生对传统文化的认同，可以引导他们更加积极地去探索和认知自身在这一文化传统中的角色和责任。传统文化中蕴含着许多关于个体应如何与他人相处的价值观念，通过对这些价值观念的学习和认同，学生可以更好地理解自己在社交场合中应该展现的礼仪行为。同时，通过加强对自身形象的认知，学生也能够更好地将理论知识转化为实际行动，形成积极向上的行为习惯。在培养文化认同和自我认知的过程中，教育者发挥着重要的引导作用。

第四节 加强大学生传统礼仪文化教育的实施路径

一、制订全面的教育计划

制订全面的教育计划是确保教育体系顺利运行和学生成长发展的关键步骤。全面的教育计划应包括全年度或全学期的教学目标、内容、方法和评估体系。这有助于教育机构明确教学方向、提高教学质量。全面的教育计划应充分考虑学生个体差异，制订灵活而差异化的教学方案，以满足不同学生的发展需求，促进其全面发展。全面的教育计划须涵盖学科知识、综合素质、社会技能等方面，注重培养学生的学科专业能力的同时，也应注重其综合素养和实际应用能力的提升。

制订全面的教育计划有助于构建系统化、科学化的教育体系，更好地满足学生的学习需求，推动整体教育水平的提升。

（一）系统课程设置

系统课程设置对传统礼仪文化的传承和弘扬至关重要。通过基础课程建设和跨学科融合，可以确保学生全面获得传统礼仪知识，提高其在实际生活和专业领域的实际运用价值。

制定系统的传统礼仪文化课程是培养学生对传统礼仪的全面理解和掌握的基础。在基础课程中，包括礼仪的基本原则、历史渊源、主要仪式形式等方面的内容。通过系统的教学，学生能够建立起对传统礼仪文化的整体框架和基本概念的认知，形成对其深层次内涵的把握。基础课程还可以进行仪式的模拟演练，使学生在实践中更好地理解和运用传统礼仪。跨学科融合是提高传统礼仪文化实际运用价值的关键步骤。将传统礼仪文化融入相关专业课程，可以使学生在专业领域更好地学习礼仪知识。在商科专业中，可以结合商务礼仪进行教学，使学生了解商务场合的礼仪规范；在医学专业中，可以结合医疗仪式礼仪，培养医生在与患者和同行交往中的专业礼仪。这样的跨学科融合能够使传统礼仪文化更贴近实际应用场景，提高其实际运用的可行性和效果。在实施基础课程建设和跨学科融合时，需要注重灵活性和实用性。基础课程的设计应当全面覆盖传统礼仪文化的各个方面，既要涵盖理论知识，也要注重实践操作。跨学科融合要根据各专业的特点和需求进行有针对性的设计，使传统礼仪文化更好地服务于学生的专业发展。教学内容的更新和调整也是保持课程活力和贴合实际的重要手段，以适应社会发展和专业领域的变化。

通过系统的基础课程建设和跨学科融合，可以实现对传统礼仪文化的全面传承和实际应用。这样的课程设置不仅有助于学生对传统礼仪的深刻理解，也提高了其在实际生活和专业领域的实际运用能力。

（二）丰富的礼仪教育资源

为了丰富礼仪教育的资源，学校可以通过提供多样性的教材和聘请专业教师来满足学生多层次的学习需求，从而更全面地推动礼仪教育的发展。

教材的多样性对提高学生对礼仪的认知和理解至关重要。学校可以选择涵盖传统礼仪经典著作、案例分析和现代社交场合礼仪规范的教材，以确保学生在学习过程中能够深入了解礼仪的历史渊源、文化内涵及在当代社会的实际应用。传统礼仪经典著作有助于学生理解礼仪的深刻内涵，案例分析则能够帮助学生将理论知识应用到实际生活中，而现代社交场合礼仪规范则能够使学生更好地适应当今多元化的社会环境。邀请资深礼仪专业人士参与教学是推动礼仪教育发展的有效途径。专业教师可以为学生提供权威的传统礼仪文化知识，并分享他们在实践中积累的经验。通过专业人士的讲解和亲身经历的分享，学生能够更深入地理解礼仪的重要性和实际应用技巧。专业师资的介入还能够增添教育过程的专业性和实践性，提高学生对礼仪教育的兴趣和参与度。

通过以上这两方面的措施，学校能够为礼仪教育提供更加全面和深入的教育资源，使学生能够更好地理解和应用礼仪规范。这样的教育模式不仅能够帮助学生在传统文化和社交场合中表现得更为得体，还能够培养学生的文化自信心和综合素质。同时，多样化的教育资源也能够满足不同学生的学习需求，提高教育的实效性和吸引力。通过不断优化和拓展礼仪教育的教育资源，学校可以更好地适应社会发展的需求，培养更具国际竞争力的人才。

二、提升教学质量与方法

提升教学质量与方法是构建高效教育体系的基础。关注师资培养，提供专业发展机会，促使教师不断提升学科水平和教学技能。教育机构可以通过举办教学研讨会、设置培训课程等方式，激发教师的教育热情和创新意识。

采用灵活多样的教学方法，注重学生的参与和互动。引入案例教学、实践项目、在线学习等创新手段，提升学生学习兴趣，激发他们的探究欲望。建立有效的评估体系，既能够客观地评估学生学业水平，也能够及时反馈教学效果，帮助教师调整教学方法和内容。

提升教学质量与方法需要进行全方位的改革，包括教师培训、教学手段创新、评估机制建设等多个层面的努力，以期构建更为完善的教育生态。

（一）创新教学方法

创新教学方法在传统礼仪文化教育中发挥着重要作用，其中多媒体辅助教学和案例分析教学是两种有效的手段。通过这些创新方法，不仅可以提高学生对传统礼仪文化的理解，还能够增强学科的实用性，培养学生的实际应用能力。

多媒体辅助教学是一种强有力的教学手段。通过运用多媒体技术，教师可以将传统礼仪文化的演变历程、实际应用情景生动地展现给学生。通过图像、音频、视频等多媒体元素，可以展示古代礼仪的具体形式、不同历史时期的变化，可以让学生更直观地感受传统礼仪文化的丰富内涵。同时，多媒体辅助教学也可以帮助学生更好地理解传统礼仪的社会背景和文化内涵。通过展示相关的文学作品、艺术品等，可以使学生更深入地了解礼仪在文学艺术中的表达，促使学生从多个角度去理解传统礼仪文化。这样的多媒体辅助教学不仅提升了教学的趣味性和吸引力，还加深了学生对传统礼仪文化的印象和理解。案例分析教学是一种深入浅出的教学方法。通过对具体案例的分析，可以使学生更好地理解传统礼仪文化的实际运用，增加学科的实用性。案例分析可以包括历史上的著名人物在重要场合的礼仪表现，也可以包括当代社会中的一些典型案例。通过分析古代贵族的宴会礼仪或是当代商务谈判中的礼仪规范，学生可以从具体的例子中了解礼仪在不同社会背景下的差异和相通之处。案例分析还可以培养学生分析问题和解决问题的能力，使其更好地应用于实际。通过让学生参与讨论、提出解决方案，可以促使他们深入思考礼仪文化的实际问题，增强其对礼仪原则的理解和应用。在教学中，可以将多媒体辅助教学和案例分析教学有机结合，创设丰富多样的教学场景；可以通过播放视频展示不同文化背景下的婚礼仪式，然后通过案例分析让学生讨论其中的礼仪差异和相通之处。这样的教学设计既丰富了教学手段，也提供了具体案例让学生进行深入思考和讨论。

通过创新教学方法，不仅可以激发学生的学习兴趣，提高对传统礼仪文化的理解，还可以培养学生实际应用的能力。多媒体辅助教学和案例分析教学的有机结合，有助于打破传统教学模式的束缚，为学生提供更多样化、实用性更强的学习体验。这样的创新教学方法有助于使传统礼仪文化教育更具深度和广度，更好地满足学生的学科需求和实际应用能力的培养。

（二）引导自主学习

1.独立研究项目

为了培养学生的自主学习和问题解决能力，学校可以采取一系列措施，其中独立研究项目就是一个有效的途径。通过鼓励学生向选择感兴趣的传统礼仪文化方向进行独立研究，可以激发他们的学习兴趣、培养创新思维，提升他们的综合素质。

独立研究项目有助于激发学生的学习兴趣。在传统礼仪文化这一广阔领域中，学生可以选择自己感兴趣的主题进行深入研究。这样的自主选择使学习不再是单一刻板的过程，而是一个充满挑战和乐趣的旅程，从而激发学生更深层次的学习动机。独立研究项目有助于培养学生的自主学习能力。在研究项目中，学生需要独立进行文献调研、资料搜集、实证分析等工作，这锻炼了他们独立获取知识的能力。通过自主学习，学生能够培养出较强的自我管理和学习计划制订的能力，使他们在未来面对新问题时能够更从容地应对。独立研究项目有助于培养学生解决问题的能力。在研究的过程中，学生可能会遇到各种各样的问题和挑战，需要通过深入思考和不断尝试来解决。这种锻炼使学生具备更强的问题分析和解决的能力，为他们将来在实际工作中解决遇到的问题打下坚实基础。要实施独立研究项目，学校可以制定相应的政策和指导方针，为学生提供必要的支持和资源；可以设置专门的导师团队，指导学生选择研究方向、制订研究计划，并定期进行进度检查和指导。同时，学校还可以建立相关的研究平台，提供必要的图书、文献和实验设备，以支持学生的研究工作。

通过引导自主学习，特别是通过独立研究项目，学校可以培养学生的自主学习和问题解决能力。这不仅有助于激发学生的学习兴趣，提升他们的自主学习能力，还能培养出具备较强问题解决能力的综合型人才。

2. 资源共享平台

资源共享平台的建设是引导学生自主学习的一项重要措施，特别是在传统礼仪文化的学习领域。通过建设这样的平台，可以为学生提供广泛的学术资源、研究文献和学习工具，从而便于他们更加自主地获取传统礼仪文化知识，拓展学习视野，提升学习效果。资源共享平台应该包括多样化的学术资源，这包括但不限于传统礼仪文化的经典著作、研究论文、专业课程录像等。这样的多元化资源能够满足不同层次、不同需求的学生，帮助他们在学习过程中更好地选择适合自己的学习路径。学术资源的多样性也有助于形成全面的学科体系，使学生能够在不同维度上深入学习传统礼仪文化。研究文献的共享是资源平台的重要组成部分。这包括学者的研究成果、学术期刊、会议论文等。通过提供的这些文献资源，学生可以更深入地了解学科的前沿动态和研究趋势，从而引导他们进行更深层次的自主学习。与此同时，资源平台也可以设置交流互动的功能，使学生能够就文献进行讨论，促进学术思辨和深度学习。学习工具的提供也是资源共享平台的一项重要任务。这包括在线学习平台、虚拟实验工具、学科导论等。通过这些工具的使用，学生可以在更加灵活的环境中进行学习，随时随地获取传统礼仪文化的相关知识，提高学习的便捷性和效果。在建设资源共享平台的过程中，需要注重平台的易用性和互动性。平台的设计应当简洁明了，便于学生快速定位所需资源。同时，可以设置讨论区、在线答疑等功能，促进学生之间的互动与合作，形成学习社群。这样的社群环境既能够减轻学生的学习负担，也有利于培养他们的团队合作和社交能力。

通过建设资源共享平台，可以为学生提供丰富的学术资源、研究文献和学习工具，引导他们更加自主地进行传统礼仪文化的学习。这样的平台不仅方便了学生获取知识，也培养了他们的学科思维和自主学习能力。

第七章 中国传统礼仪文化创新发展与当代价值实现机制

第一节 中国传统礼仪文化的创新发展

一、融合现代元素的传统礼仪文化创新

融合现代元素的传统礼仪文化创新旨在将古老的礼仪传统与现代社会需求相结合，实现文化传承与创新的有机统一。这种创新不是简单的保守传统，而是通过注入现代元素使传统礼仪更富有活力。

在婚礼、节庆等场合，可以引入现代设计、科技元素，如数字化的邀请函、虚拟参与等，使传统礼仪更贴近现代生活。同时，通过创新礼仪形式、语言表达，使之更富有时代感，提升仪式体验感。文化创新也可以体现在礼仪教育中，将传统礼仪融入现代教育体系，使之更具实用性与吸引力，培养年青一代对传统文化的认同感。

这种创新有助于传承文化基因，使传统礼仪更好地适应当代社会，实现文化的活力与传统的延续。这样的融合不仅弘扬了传统文化，也为当代社会注入了新的文明力量。

（一）科技融合

1.数字化展示

科技融合在数字化展示方面的运用，尤其是通过虚拟现实（VR）和增强现实（AR）技术，为传统礼仪的呈现提供了更多的可能性。这一数字化展示的方式不仅使传统礼仪更加生动、直观，还拓展了传承传统文化的途径，使更多人能够参与传统礼仪的体验与传承。

通过虚拟现实技术，人们能够在虚拟的环境中身临其境地体验传统礼仪。无论是传统婚礼、宴会还是节庆仪式，通过 VR 技术，人们都可以沉浸式地感受到传统礼仪的魅力，仿佛置身于历史中。这种身临其境的体验不仅可以加深人们对传统礼仪的理解，更能够激发对传统文化的兴趣和热爱。这样的数字化展示方式将传统礼仪从书本中抽离出来，使之更加具体、实在，有助于年青一代更好地理解和接受传统文化。增强现实技术为传统礼仪的数字化展示提供了实用性的可能。通过 AR 技术，人们可以在现实场景中通过手机或其他设备看到与传统礼仪相关的信息、图像、视频等。在参加传统婚礼的时候，通过 AR 技术，可以实时显示婚礼仪式的意义、步骤及相关的文化背景，为参与者提供更深层次的参与感和了解体验。这种实用性的数字化展示方式不仅方便易用，还能够在实际场景中为人们提供有针对性的传统礼仪知识。数字化展示也为传统礼仪的传承提供了更广泛的传播途径。通过数字化形式，传统礼仪可以跨越地域、时间的限制，通过互联网平台将其传播到全球范围内。人们可以通过在线平台，随时随地学习和体验传统礼仪，不受地理位置的限制。这种全球化的传播方式有助于传统文化的传承和弘扬，使更多人能够参与传统礼仪的学习和实践。数字化展示还可以通过互动性的设计，激发人们参与传统礼仪的兴趣。通过在虚拟或增强现实环境中设置互动元素，人们可以参与到传统礼仪活动中，学习和体验礼仪的具体步骤。这种互动性的设计使学习过程更加生动有趣，有助于提高人们对传统礼仪的参与度和深度理解。通过虚拟现实中的角色扮演，人们可以模拟传统婚礼的过程，亲身感受每一个环节的重要性。数字化展示还可以通过多媒体的形式，将传统礼仪呈现得更为多样化和丰富。通过视频、音频、图像等多媒体元素的融合，可以全方位地展示传统礼仪的方方面面。这种多媒体形式不仅适应了现代人多样化的学习方式，同时也为传统礼仪的表达提供了更为灵活和生动的手段。

尽管数字化展示为传统礼仪的传承和体验提供了新的途径，但也需要注意平衡数字化与传统的关系。数字化展示不应取代实际参与传统礼仪的体验，而应当作为一种补充和辅助的手段。在数字化展示的背后，仍需要有实际的传统仪式和活动，以确保传统礼仪的真实性和传承的连贯性。

通过科技手段将传统礼仪以数字化的形式呈现，是一种有益的探索和尝试。这种数字化展示方式不仅使传统礼仪更具生动性和实用性，还为其传承和弘扬提供了更为广泛的途径。通过科技融合，我们有望在保护传统文化的同时，激发更多人提升对传统礼仪的热爱和参与度。

2. 在线学习平台

科技融合在在线学习平台领域的应用为传统礼仪的传承提供了全新的途径。通过创建在线学习平台，借助互联网的力量，可以让更多人方便灵活地学习传统礼仪，从而推动传统文化的传承。这一新兴的教育形式使传统礼仪教育更具包容性、实用性，并促进了传统礼仪文化在现代社会中的传承和发展。

在线学习平台为传统礼仪的学习提供了便利和灵活度。学习者可以通过电脑、平板或手机随时随地进入在线学习平台，按照自己的时间和节奏学习传统礼仪知识。这种灵活性使传统礼仪教育更具可及性，吸引了更多的学习者参与到传统文化的传承中。无论是在繁忙的工作生活中还是处在不同的地理位置，学习者都可以通过在线学习平台便捷地获取传统礼仪知识，打破了时间和空间的限制。科技融合在在线学习平台中提供了多样化的学习资源。通过在线学习平台，学习者可以获取丰富的学习资料，包括视频、音频、文字等多种形式的教学资源。这些多样化的资源有助于学习者更直观地传达传统礼仪的细节和实践技巧，提升学习者的学习体验。同时，通过互动式的学习模式，学习者可以参与在线讨论、答题互动等活动，增进对传统礼仪的理解和应用能力，使学习更加生动有趣。在线学习平台通过智能化技术提供个性化的学习体验。基于学习者的个体差异，在线学习平台可以通过智能化算法推荐个性化的学习内容，满足学习者的不同需求。这种个性化的学习体验有助于提高学习者的学习积极性和效果，使传统礼仪的学习更加贴近实际、切实可行。另外，在线学习平台通过数字化手段为传统礼仪的传承提供了更为广泛的传播渠道。通过社交媒体平台、在线讨论区等功能，学习者可以分享学习心得、交流经验，形成在线学习社区，进一步推动传统文化在社会中的传播。这种数字化的社交互动有助于形成学习者之间的共同体验，增进其对传统礼仪的理解和认同。

科技融合在在线学习平台的创建中为传统礼仪的传承注入了新的活力。通过提供便利的学习方式、多样化的学习资源、个性化的学习体验和广泛的传播渠道，在线学习平台为更多人学习传统礼仪创造了更好的条件。这一新的教育形式不仅为传统文化在当代社会中的传承提供了创新途径，也为社会成员更好地认识和理解传统礼仪文化提供了机会，从而促进传统文化在现代社会中的融合与发展。

（二）文化创意产业

1. 礼仪定制产品

文化创意产业的发展对传统礼仪文化的传承和弘扬具有积极的作用。其中，礼仪定制产品作为文化创意产业的一部分，通过设计生活用品和礼品，融入传统礼仪元素，满足了现代人对文化品味的需求。这一产业的崛起不仅丰富了市场，也为传统礼仪注入了新的活力，使其更好地融入当代社会。

礼仪定制产品的设计与生产为传统礼仪文化提供了新的表达方式。通过将传统礼仪元素巧妙地融入生活用品和礼品的设计中，创意设计师们可以发挥无限想象，将传统文化融入现代化的产品中。例如，在餐具设计中加入古老的文化符号，或者在礼品上融入传统的绘画元素，都能够使传统礼仪在当代社会焕发出新的魅力。这样的创新表达方式既保留了传统文化的经典元素，又让它以更具现代感的形式呈现，使更多人能够通过实用的产品感受到传统礼仪的独特魅力。礼仪定制产品的推出不但能够满足现代人对文化品味的需求，还能推动传统礼仪文化与现代生活相融合。随着社会的发展，人们对生活品质的要求越来越高，对文化品味的追求也越发强烈。礼仪定制产品通过融合传统礼仪元素，为现代人提供了一种更具深度和内涵的文化选择。可以设计一系列文化主题的家居用品，如茶具、家居摆件等，以此满足人们对文化品味的追求，使传统礼仪文化成为现代生活的一部分。这种融合既能够激发人们对传统文化的兴趣，又能够使其更好地适应现代社会的审美趋势。同时，礼仪定制产品的推广有助于打破传统礼仪文化的陈旧印象，使其更贴近现代生活。传统礼仪往往被人们认为是一种古老、陈旧的文化形式，难以与现代生活相融合。通过创意的设计和现代化的制造工艺，礼仪定制产品能够使传统礼仪文化焕发新的活力，打破陈规陋习。可以设计一系列时尚的礼仪用品，如手工定制的礼服、独特造型的礼品盒等，使传统礼仪焕发出现代时尚感。这样的产品设计能够改变公众对传统礼仪的认知，使其更具吸引力，促使更多人参与传统文化的传承。礼仪定制产品的开发有助于形成一种新的文化消费模式，推动文化创意产业的繁荣。通过设计独具特色的礼仪产品，创造性地将传统礼仪文化与现代潮流相结合，为市场带来新的文化消费体验。这种消费模式不仅能够激发人们对文化产品的购买欲望，也为设计师和生产商提供了更多的创作空间和商机。礼仪定制产品的市场推广将带动整个文化创意产业的繁荣，促进文化产业的健康发展。

礼仪定制产品的推广有助于加强文化自信，提升国家软实力。通过设计和生产具有中国传统礼仪元素的产品，能够在国际市场上展现中华文化的独特魅力。这种文化自信的表达方式不仅可以促使国际社会更好地理解和尊重中国传统礼仪文化，也有助于提升国家的软实力，增强国际竞争力。

2. 文创活动

当今社会，文化创意产业已经成为推动经济增长和文化传播的重要引擎之一。通过举办以传统礼仪为主题的文创活动，不仅可以吸引年轻人参与其中，还能够推动传统文化在现代社会的传播，促使文化创意产业发展得更为繁荣。

通过以传统礼仪为主题的文创活动，可以激发年轻人对传统文化的兴趣。文创活动具有创新性和时尚感，能够吸引年青一代更加积极地参与其中。通过在文创活动中融入传统礼仪元素，如服饰、仪式、礼节等，可以使这些元素在年轻人中产生新的意义和吸引力。举办传统礼仪时尚秀、礼仪工作坊等活动，让年轻人通过亲身参与感受传统礼仪的魅力，从而更加深入地了解和体验传统文化。以传统礼仪为主题的文创活动有助于传统文化在现代社会的传承与发展。通过文创活动，可以将传统礼仪融入当代的生活场景，使之更加贴近人们的生活。这样的活动不仅能够保持传统礼仪的独特性，还能够促使其在现代社会中得到创新和发展。组织传统礼仪创意市集、文化展览等活动，让人们在购物和娱乐的过程中感受到传统礼仪的文化内涵，推动传统文化在当代社会中融合创新，得到更广泛的传播。以传统礼仪为主题的文创活动有助于拓展文化创意产业的市场空间。传统文化作为丰富而深厚的文化资源，可以为文化创意产业提供丰富的素材和灵感。通过文创活动，可以创造各种文化产品，如礼仪定制商品、文创设计艺术品等，以满足市场的多元需求。这不仅有助于提升文化创意产业的市场竞争力，也为传统文化的传播提供了新的渠道。举办以传统礼仪为主题的设计大赛、创意市集，鼓励设计师和创业者开发出更多具有传统文化特色的创意产品，促使这些产品走向市场，推动文化创意产业的发展。

另外，通过文创活动，还可以增强社会对传统文化的认同感和自豪感。文创活动能够将传统礼仪呈现在公众面前，引起社会的广泛关注。通过这些活动，人们更容易认识到传统礼仪所蕴含的深刻文化内涵，从而加深对传统文化的认同感。这对于形成文化认同，促进社会凝聚力和向心力具有积极作用。通过举办传统礼仪表演、文化节庆等活动，可以使社会各界更加了解传统礼仪的价值，增强对文化传承的自豪感，形成共同的文化自觉。通过举办以传统礼仪为主题的文创活动，可以在激发年轻人学习礼仪文化兴趣的同时，推动传统文化在现代社会的传播。

二、提升传统礼仪文化的当代价值

提升传统礼仪文化的当代价值对于社会发展和文化传承至关重要。传统礼仪文化强调尊重、谦逊等美德，这有助于培养公民的良好道德素质，提升社会公德水平，从而促进社会的和谐与稳定。

传统礼仪文化注重家庭观念和亲情，可以作为当代社会建设和谐家庭的重要参考。强调家庭价值观有助于培养家庭成员关爱和支持他人的品质，促进家庭和睦稳定，为下一代提供良好的成长环境。传统礼仪文化中的尊师重教、尊老爱幼等观念对于教育体系和社会的稳定发展有积极影响。通过强调对教师的尊重和对老年人的关爱，有助于构建更加和谐的社会氛围。

提升传统礼仪文化的当代价值需要在传承传统的同时，结合现代社会的需求，将其融入教育、家庭和社会治理中，以推动社会价值观的提升，促进社会的全面发展。

（一）价值观引领

1. 社会责任教育

社会责任教育是传统礼仪文化的一项重要内容，通过传承和弘扬传统礼仪，引导人们树立正确的社会责任观，推动个体在社会中更积极地发挥作用。这一教育过程不仅涉及对个体价值观的塑造，更关乎社会整体的和谐与发展。

传统礼仪文化通过规范个体的行为举止，强调个体在社会中的责任感。在礼仪的规范下，个体学会如何尊重他人、如何关心社会，从而培养出对社会的责任感。在尊敬长辈、关爱弱势群体的礼仪中，个体逐渐形成了一种对社会更广泛层面的责任感。这种责任感不仅表现在个体对家庭和亲朋好友的关心上，更延伸到对整个社会的关切，形成了一种积极的社会参与意识。传统礼仪文化在强调家庭责任和家庭和谐方面发挥着引导作用。在家庭礼仪中，个体学会了如何对待家庭成员、如何履行家庭责任。这种家庭责任的培养使个体在社会中具备更为强烈的责任感。通过父母的榜样和引导，个体学会了如何照顾亲人、如何守护家庭和睦。这种责任观在社会中体现为对他人的关心与支持，以及对社会和谐稳定的积极参与。同时，传统礼仪文化注重对社交关系的规范，引导个体在社会互动中保持友好、和谐的态度。在社交礼仪的规范下，个体学会了如何与他人协作共事、如何在社会中保持和睦。这种社交规范有助于形成一种相互关爱、互助合作的社会风气。个体在社会中感受到了他人的关心和支持，也更容易产生对社会的责任感，促使他们更加愿意为社会的发展和进步贡献自己的力量。传统礼仪文化还通过对言行规范的强调，培养个体言行一致、信守承诺的品质。在这一过程中，个体学会了对自己的言行负责，明白言出必行的重要性。这种言行一致的培养有助于形成对社会承诺的责任心。通过诚实守信的表现，个体不仅在社会中建立了可靠的形象，也树立了对社会的责任担当。传统礼仪文化中涵盖的宗教仪式和崇拜活动，也为个体树立正确的社会责任观奠定了坚实基础。

综上所述，传统礼仪文化通过强调行为举止、家庭责任、社交规范、言行一致、宗教仪式等方面的规范，引导个体树立正确的社会责任观。这种教育不仅在个体层面塑造了积极向上的价值观，更在社会层面促进了和谐、稳定的社会关系。

2. 环保与可持续发展

环保与可持续发展的理念在当今社会愈加受到关注，将这一理念融入传统礼仪体系，强调文明礼仪与可持续发展之间的关系，提倡绿色、低碳的生活方式，为塑造积极的价值观提供了有益的引导。这种融合不仅丰富了传统礼仪的内涵，更为社会的可持续发展和环境保护确立了正确的导向。通过将环保理念与传统礼仪相结合，可以使人们更加自觉地在日常生活中追求绿色、低碳的生活方式，从而为可持续发展的目标贡献力量。

将环保理念融入传统礼仪有助于强调文明礼仪与可持续发展之间的密切关系。传统礼仪是社会文明的表征，通过规范行为、强调道德规范等方式，使其体现了一个文明社会的道德伦理。将环保理念融入其中，可以更加清晰地传达人们对环境保护的责任感和对未来可持续发展的期许。在传统节庆中强调对自然的尊重、对资源的合理利用，可以引导人们在欢庆的同时保持对环境的敬畏，形成对可持续发展的正面态度。强调绿色、低碳的生活方式通过传统礼仪传递积极的生态价值观。在现代社会，绿色生活已经成为一种时尚和趋势，而将这一理念与传统礼仪相结合，可以使其更具深度和内涵。在传统婚礼中强调绿色低碳元素，如选择环保材料、节约能源的庆典方式，不仅有助于提倡环保理念，还使传统婚礼成为对可持续发展的积极贡献。这种通过传统礼仪引导绿色生活方式的做法，有助于在社会层面树立积极的生态价值观，引领人们向更为环保的方向发展。传统礼仪中强调文明礼仪与可持续发展之间的关系，可以促使人们在日常生活中更加注重环保。在传统节庆中，可以通过倡导庆典的简约和绿色庆祝方式，引导人们摒弃过度奢华和浪费的行为，以实际行动贯彻环保理念。通过传统礼仪的引导，使人们更加自觉地关注环境问题，从而在日常生活中形成良好的环保习惯，实现对可持续发展目标的积极贡献。

将环保理念融入传统礼仪是对传统文化的一种有益拓展，不仅有助于强调文明礼仪与可持续发展之间的关系，也为社会价值观的塑造提供了新的方向。通过传统礼仪引领绿色、低碳的生活方式，可以在个体层面培养对环保的责任感，进而推动社会向着可持续发展的方向迈进。这种价值观的引领不仅有益于个体的全面发展，更为整个社会的可持续繁荣注入了新的动力。

（二）文化软实力提升

1. 国际交流与合作

通过传统礼仪文化的传承与发展，国家有望在国际舞台上更上一层楼，促进更为广泛的国际文化交流与合作。这一过程不仅在文化层面展示了国家的独特魅力，也为国际社会搭建了互学互鉴的桥梁，推动了不同文明之间的相互理解与尊重。

作为国家文化的重要组成部分，传统礼仪文化承载了深厚的历史底蕴和文化内涵。通过在国际舞台上展示这一独特的文化遗产，国家可以表达对传统价值观的坚守和对文明传统的尊重。这种表达不仅有助于传播国家的文化自信，更能够吸引世界各地的目光，提升国家的文化软实力。在国际交流与合作中，传统礼仪文化作为一种非语言的沟通方式，具有其独特的优势。通过礼仪的运用，国家代表在外交场合中能够传递更为深刻的文化信息，使外界更好地了解我国的文化背景和价值观。这样的文化交流不仅加强了国家与他国之间的友好关系，也为国际社会构建了更加和谐与平等的合作框架。传统礼仪文化在国际交流中有助于建立国家形象。在全球化的时代背景下，国家形象不仅是政治、经济层面的表现，还包括文化层面的塑造。通过在国际活动中体现传统礼仪文化，国家可以塑造出更为亲切、友好的国家形象，使外界对国家的印象更为深刻和正面。这种积极的形象塑造有助于提升国家在国际上的声望，增加国际社会的信任度，从而推动更广泛的国际文化合作。国际文化交流与合作的推动也需要国家在传统礼仪文化的传承与发展上付出持续的努力。通过制定相关政策，支持传统文化的传承和创新，国家能够在国际上呈现出更为多元和富有创意的文化面貌。这样的文化投入不仅有助于提升国家的软实力，也为国际合作提供了更为丰富的文化资源。国家可以通过开展国际文化交流活动，促进与其他国家之间的深入合作；也可以举办国际文化节、艺术展览、文化交流论坛等活动，为不同文化间的对话提供平台。在这样的国际舞台上，国家代表可通过传统礼仪文化的展示，为国际友人呈现一种文明、充满魅力的国家形象，增进国际友谊，拓宽合作领域。国际文化交流还有助于传统礼仪文化的创新与发展，通过与其他国家的文化进行对话，国家有机会吸收其他文化的优秀元素，将传统礼仪文化与当代文明相结合，创造出更具包容性和开放性的文化形态。这样的文化创新有助于传统礼仪文化在国际舞台上焕发出更多的生机与活力。

值得注意的是，在推动国际文化交流与合作的过程中，需要保持文化传统的纯正性，避免过度商业化和改变传统文化的本质。保持文化的本真性能够更好地传递国家的文化信息，增加传统文化的吸引力。在合作过程中，国家可以通过与国际合作伙伴的共同努力，实现文化传统与创新的平衡，使传统礼仪文化在国际文化舞台上更具代表性。

2. 国家形象宣传

国家形象宣传是一种重要的手段，通过运用传统礼仪元素制作国家形象宣传片等，可以有效地提升国家在国际上的文化软实力。传统礼仪作为中华文化的重要组成部分，蕴含丰富的文化内涵，通过巧妙地融入国家形象宣传，能够使国家形象更具深度和吸引力，从而增强国家在国际上的文化影响力。

运用传统礼仪元素可以打造出独特的国家形象。传统礼仪是中华文化的瑰宝，代表着深厚的历史传统和文化底蕴。将传统礼仪元素巧妙融入国家形象宣传片等媒体中，能够为国家形象注入独特的文化元素，使之在国际上更加鲜明、令人难忘。这样的独特性能够引起国际社会的关注，提升国家在全球的知名度和美誉度。传统礼仪元素有助于传递深厚的文化内涵。国家形象宣传不仅仅是外在形象的展示，更应该通过文化传递国家的核心价值观念和历史底蕴。传统礼仪作为文化的代表之一，蕴含了尊重、和谐等深刻的文化内涵。将这些元素融入国家形象宣传中，可以使国家形象更具深度和内涵，为国家塑造积极向上的文化形象，提升文化软实力。通过传统礼仪元素的运用，国家形象宣传能够在国际上建立更为亲和的形象。传统礼仪注重尊重和友好的价值观念，这与国家形象宣传中渴望展示的友好形象相契合。通过在宣传片中展示国家领导人的传统礼仪、民众的传统生活方式等，能够使国家形象更贴近国际社会，展现友好的形象，有助于国际社会更好地理解和认同这个国家。需要注意的是，在运用传统礼仪元素时，应当保持创新和灵活性。传统礼仪固然是宝贵的文化资源，但过于陈旧的表达方式可能会显得不合时宜。因此，在国家形象宣传中，需要巧妙地融入传统礼仪元素，使之更具现代感，同时要保留传统文化的底蕴。这样既能传递深刻的文化内涵，又能使国家形象更符合当代国际社会的审美和接受标准。

通过运用传统礼仪元素制作国家形象宣传片等，可以有效提升国家在国际上的文化软实力。传统礼仪的独特性、文化内涵及亲和力，为国家形象注入新的活力，使之更为深刻、独特、亲近。这样的宣传形式有助于引起国际社会的关注，加强国家在全球范围内的文化影响力，为国家在国际事务中扮演更积极的角色奠定坚实基础。

第二节　中国传统礼仪文化当代价值的实现机制

一、教育体系与培养机制

教育体系与培养机制是培养人才的重要组成部分。教育体系包括学前教育、基础教育、高等教育等多个层次，共同形成一套有机衔接的培养体系。不同阶段的教育旨在培养学生的基础知识、思维能力、实践技能等。

培养机制是教育体系的运行机制，包括教育课程设计、教学方法、评价方式等。有效的培养机制应当注重培养学生的创新能力、团队协作精神、实践动手能力等综合素养，使其更好地适应社会发展的需求。

教育体系和培养机制密切关联、相辅相成。一个科学合理的培养机制需要建立在健全的教育体系基础之上，而教育体系的运行又需要有效的培养机制来支撑。两者相互影响，共同构建了一个完善的人才培养体系，推动社会发展和进步。

（一）教育体系创新

1.课程设置

学校教育体系中的传统礼仪文化课程设置是对教育体系进行创新的重要一步。这一课程的设置旨在培养学生的文化素养、社交技能及对传统文化的尊重与传承。这种创新有助于打破传统教育的局限，为学生提供更全面、更丰富的教育体验。

传统礼仪文化课程的设置有助于培养学生的文化素养。传统礼仪是文化的重要组成部分，它蕴含着深刻的历史内涵和价值观。通过课程的设置，学生可以系统地学习传统礼仪的起源、演变过程及其在社会发展中的作用。这有助于拓展学生的文化视野，提高他们对传统文化的认同感和自豪感。培养学生对传统文化的理解，有助于形成广博的人文素养，使其在日后的学习和生活中更具深度和内涵。传统礼仪文化课程的设置有助于培养学生的社交技能。在传统礼仪中，注重礼仪规范和社交场合的得体行为，这对于培养学生在社会交往中的礼貌和自信至关重要。通过学习传统礼仪，学生能够掌握在不同场合中的应对策略、沟通技巧及合理的社交规范。这将有助于提高学生的人际交往能力，使他们更好地应对未来职业和社会生活的挑战。传统礼仪文化课程的设置有助于培养学生对传统价值观的尊重和传承。传统礼仪中蕴含着许多尊重、忠诚、孝道等核心价值观，这些价值观是中国传统文化的瑰宝。通过深入学习传统礼仪，学生能够更好地理解和体验这些价值观的内涵，形成对传统价值的尊重和认同。这种尊重和认同有助于培养学生的家国情怀，使其成为热爱祖国、热爱传统文化的有担当的公民。传统礼仪文化课程的设置还有助于培养学生的自我管理和自我修养能力。传统礼仪注重的不仅是对外的表现，更涉及个体对自身行为的自我约束和管理。学生通过学习传统礼仪，能够培养自律、自我约束的良好习惯，提高责任心，形成积极向上的生活态度。这有助于塑造学生健康、积极的心态，培养他们对未来的规划和担当。同时，传统礼仪文化课程的设置应该注重与时俱进，结合现代社会的实际需求。传统礼仪在当今社会依然具有重要的意义，但也需要灵活地与现代社会相结合，使其更符合当代人的生活方式和价值观。因此，课程设置可以通过引入一些现代元素，让学生更好地理解传统礼仪的当代意义，使其能够在实际生活中更灵活地运用传统礼仪。课程的设计还应强调实践性，将理论知识与实际操作相结合。通过实际的场景模拟、角色扮演等教学手段，使学生在课堂中能够更好地理解和应用所学的传统礼仪知识。实践性的教学设计有助于提高学生对传统礼仪的实际应用能力，使他们能够更好地将所学知识融入日常生活中。

学校教育体系中传统礼仪文化课程的设置是对教育体系进行创新的重要一环。通过深入学习传统礼仪的核心价值和实践技能，可以培养学生的文化素养、社交技能，提高他们对传统价值观的尊重和认同。这种创新有助于打破传统教育的单一性，为学生提供更全面、更丰富的教育经验，促使他们更好地适应未来社会的发展和变革。

2. 综合素质教育

教育体系的创新是为了更好地满足当代社会的需求，将传统礼仪文化融入综合素质教育，旨在培养学生的文明素养、团队协作能力等。这种创新不仅丰富了教育内容，也为学生的全面发展提供了更多的可能性。在新的教育体系中，传统礼仪文化成为培养学生品德、塑造个性、提高综合素质的重要媒介。

传统礼仪文化的融入丰富了综合素质教育的内涵。传统礼仪注重的是人际关系、道德伦理，强调个体在社会中的角色和责任。将这一文化融入综合素质教育，可以使学生更好地理解传统价值观念，培养孝道、友情、忠诚等美德。通过传统礼仪文化的渗透，学生在综合素质上将不仅仅是知识的积累者，更是道德品质的塑造者和社会责任的承担者。传统礼仪文化的融入有助于培养学生的文明素养。在传统礼仪中，注重的是个体的仪容仪表、言行举止，这与现代社会对文明素养的要求相契合。通过在综合素质教育中强调传统礼仪文化，学生能够更好地树立文明意识，养成良好的生活习惯，使自己成为一个文明素养较高的社会成员。同时，传统礼仪文化的融入有助于培养学生的团队协作能力。在传统礼仪中，注重的是个体在社会中的互动与合作。通过将这一理念融入综合素质教育，学生将更容易理解合作的重要性，培养其相互尊重、相互协助的团队协作精神。传统礼仪文化的引导有助于营造积极向上的团队氛围，提高学生在团队协作中的领导力和团队精神。传统礼仪文化的融入也有助于培养学生的创新意识。在传统礼仪中，蕴含着丰富的文化内涵和创新精神。通过将传统礼仪与综合素质教育相结合，学生能够更好地理解传统文化的独特魅力，从而激发他们对创新和变革的兴趣。传统礼仪文化的融入可以培养学生对多元文化的包容，使其更加具有跨文化交流和合作的能力。

将传统礼仪文化融入综合素质教育是教育体系创新的重要方向之一。这种创新不仅可以培养学生的文明素养、团队协作能力，还有助于形成积极向上的教育氛围，为学生的全面发展提供更多元化的路径。通过这一教育体系的创新，学生将更好地面对未来社会的挑战，成为具有良好品德和高综合素质的社会成员。

（二）社会培训机制

1. 职业培训

社会培训机制在传统礼仪文化的传承和弘扬中发挥着重要的作用。职业培训作为其中的一部分，通过建立专门的培训机制，针对不同职业领域，培养从业人员展现出色的职业素养。这一机制有助于使传统礼仪文化在职业环境中得以广泛传播，并促使从业人员更好地将传统礼仪融入工作中，提升整体职业素养。

职业培训机制有助于使传统礼仪文化更好地融入不同职业领域。不同职业领域有着不同的工作特点和文化氛围，使传统礼仪在不同职业背景中的应用也有所不同。通过建立专门的培训机制，可以根据各个行业的需求，精准定制培训内容，使传统礼仪文化更融洽地融入各行各业中。在服务行业中，培训可以侧重于礼仪用语和服务态度的培养，而在商务领域，培训可以注重商务场合的礼仪规范和社交技巧的提升。这样的差异化培训有助于传统礼仪文化在不同职业领域中得到更全面、更深入的应用。职业培训机制有助于培养从业人员展现出色的职业素养。传统礼仪文化不仅是一种形式上的规范，更是一种内涵上的修养和素养。通过专业的培训，可以使从业人员更好地理解传统礼仪背后的文化内涵，注重在工作中展现高尚的职业道德和修养。培训内容可以包括如何在工作场合中与同事、客户进行有效而得体的沟通，如何处理职场关系中的矛盾和冲突等。这样的培训有助于提升从业人员的职业素养水平，使其在工作中更具专业性和综合素质。同时，职业培训机制有助于传承和发扬传统礼仪文化中的人际关系和沟通技巧。在现代职业社会中，人际关系和沟通技巧是非常重要的职业素养。通过职业培训，可以系统地传授传统礼仪文化中的沟通技巧，使从业人员在工作中更加娴熟地运用这些技巧，提高与同事、客户之间的沟通效果。培训内容可以包括言谈举止的得体与得当以及在不同场合下的应对策略等。这样的培训有助于传承传统礼仪文化中人际关系的优秀传统，使其在现代职业环境中继续发扬光大。

职业培训机制还有助于使传统礼仪文化与现代职业道德相结合。在职场中，职业道德是衡量从业人员品德和职业素养的重要标准之一。通过职业培训，可以强调传统礼仪文化中的道德观念，引导从业人员在工作中注重道德底线，保持职业操守。培训内容可以包括在工作中如何正确处理利益冲突、维护职业操守等。

2. 社区教育

社区教育是一种重要的社会培训机制，通过在社区组织传统礼仪文化培训班，面向居民普及礼仪知识，可以有效增强社区文明程度，提升居民的文明素养和社会交往水平。

社区教育传播传统礼仪文化，有助于提高居民的文明素养。社区作为一个小社会单元，其居民之间的相互交往对社区文明程度有着直接的影响。通过在社区组织传统礼仪文化培训班，可以使居民更深入地了解传统礼仪的内涵和意义。培训班可以涵盖传统礼仪的起源、演变历程、实践方法等多方面内容，使居民对传统礼仪有更为全面深刻的认识。这有助于提高居民的文明素养，使其在社区生活中更具修养，更注重礼仪规范，从而形成良好的社区文明风尚。社区教育可以促进社会交往水平的提升。传统礼仪文化不仅仅是一种礼节，更是一种社会交往的规范和方式。通过培训班，居民可以学到在不同场合、不同人群之间如何使用传统礼仪，如何展示尊重、关爱、礼让等社交技巧。这有助于提高居民的社交素养，使其在社区交往中更加得体、友好。社区成员之间的良好社交关系不仅有助于社区的和谐与稳定，还能够为社区营造更加顺畅的合作氛围。社区教育可以弘扬传统文化，形成社区的文化认同。通过传统礼仪文化培训，社区居民有机会更深入地了解和体验传统文化的魅力。培训班可以包括传统礼仪的实际操作，如茶道、书法、礼仪等，让居民通过亲身体验感受传统文化的美好。这有助于在社区形成共同的文化认同，激发社区成员对传统文化的自豪感，形成共同的价值观。社区居民在共同认同的文化氛围中，更容易形成团结友爱的社区文化，共同为社区的繁荣和发展贡献力量。

另外，社区教育可以传承和发展传统礼仪文化。传统礼仪文化是中华文明的重要组成部分，通过在社区组织培训班，可以将传统礼仪的知识和技能传承给下一代。培训班可以邀请专业的礼仪人员、文化传承人员担任讲师，传授其丰富的经验和知识。这有助于培养社区内的传统文化传承者，保护和发展传统礼仪文化。社区作为一个相对封闭的社会单元，通过社区教育，可以形成一种传承传统文化的氛围，促使传统礼仪在社区内得到更好的传承和发展。

综上所述，社区教育作为社会培训机制的一种形式，在传统礼仪文化的传播、社会交往水平的提升、文化认同的形成及传承与发展方面都发挥着重要作用。

（三）传统文化传承计划

1. 学术研究与推广

学术研究与推广是一项重要的传统文化传承计划，特别是在支持传统礼仪文化的传承与发展方面。通过深入学术研究、建立专业研究机构、推广研究成果等，可以提高社会对传统礼仪的认知，促进其在当代社会中的传承和发展。

学术研究对传统礼仪文化的深入挖掘是传承计划的核心。通过深入研究传统礼仪的起源、发展历程、演变和影响，可以更全面地理解传统礼仪文化的内涵和价值。学术研究可以通过对历史文献、考古资料、口头传承等多方面的搜集和整理，还原传统礼仪文化的原貌。这样的研究不仅可以为当代社会提供更加丰富的文化内涵，也有助于发现其蕴含的价值观念和社会规范，为传统礼仪文化的传承提供理论支持。建立专业的研究机构是确保学术研究深入开展的重要保障。通过设立专门的传统礼仪研究机构，可以集聚研究力量，建立系统的研究框架。这些机构可以吸引专业学者、历史学家、社会学家等专业人才，形成一个专业化的研究团队。同时，研究机构还可以通过组织学术研讨会、讲座等活动，促进学术交流与合作，提高传统礼仪文化研究的学术水平。为了更好地推广研究成果，传统礼仪文化研究机构可以采取多种方式，如出版专业研究成果、举办文化展览、推出多媒体教育资源等。通过这些途径，将学术研究成果以更易接受的形式传递给社会大众。在出版方面，可以选择专业学术期刊、图书出版等方式，以确保研究成果的学术性和权威性。文化展览则可以通过展示与传统礼仪有关的文物、图片、视频等，让人们更直观地感受传统礼仪文化的魅力。多媒体教育资源的推出可以通过互联网等渠道，使传统礼仪文化的知识更广泛地传递给公众。在推广过程中，需要采用针对性的手段，根据不同受众的需求和特点，制定差异化的推广策略。对于学生群体，可以通过整合学校教育资源，将传统礼仪文化融入课程体系中，使学生在学习过程中更好地了解和体验传统文化。对于社会大众，可以通过各种社区活动、文化节庆等方式，开展传统礼仪文化的普及活动，提高人们对传统文化的兴趣。此外，利用现代科技手段也是推广的有效途径，可以通过建设传统礼仪文化的在线平台，提供丰富的学习资源和互动交流空间，使更多人能够方便地获取有关传统礼仪文化的知识。同时，利用社交媒体等新媒体平台，通过短视频、图文等形式，将传统礼仪文化以更轻松、更生动的方式传递给年青一代。

综上所述，学术研究与推广计划是传统礼仪文化传承的关键环节。通过深入学术研究，建立专业研究机构，推广研究成果，可以实现传统礼仪文化在当代社会中的传承与发展。这一计划既能够促进传统文化的保护，也能够使其在现代社会中发挥更广泛的影响。

2. 非物质文化遗产保护

非物质文化遗产的保护对传统礼仪文化的传承至关重要，可以通过加大力度保护传统礼仪文化。社会可以通过展览、活动等形式进行传承，使这一珍贵的文化资源得以保留、弘扬，并在当代社会焕发新的生命力。这一保护计划不仅有助于保存传统礼仪的独特魅力，更能够为人们提供深入了解和体验传统文化的机会，从而促使社会更好地理解、尊重和传承这一宝贵的文化遗产。

保护传统礼仪文化需要加强对非物质文化遗产的认识与重视。作为非物质文化遗产的传统礼仪文化，其独特的文化价值和社会意义需要得到更多的认识与理解。通过宣传、教育等方式，提高社会对传统礼仪文化的认知水平，使人们更加明晰其在社会发展中的作用和地位。唯有通过广泛的认识和深刻的理解，社会才能更积极地参与到传统礼仪文化的保护工作中来。保护传统礼仪文化需要制订全面而科学的保护计划。这一计划应该涵盖从调查研究到保护措施的全过程，确保对传统礼仪文化的各个方面都能够进行全面而有效的保护。通过专业的调查研究，掌握传统礼仪文化的传承现状、存在问题等信息，为制订有针对性的保护计划提供充足的依据。同时，制定明确的政策法规，加强组织协调，形成多方共同合作的工作格局，推动传统礼仪文化的全面保护。另外，保护传统礼仪文化需要通过展览、活动等形式进行传承。通过策划和组织有深度、有内涵的展览，向公众展示传统礼仪文化的丰富内涵和精湛工艺，引起社会公众对传统文化的浓厚兴趣。举办传统礼仪文化的相关活动，如庙会、文化节等，让人们通过参与亲身感受传统礼仪的独特魅力，激发对传统文化的热爱与认同。通过这些形式，将传统礼仪文化的传承引入公众视野，让更多的人参与保护和传承工作。建立相关的培训机制，培养更多的专业从业人员，推动传统礼仪文化的传承。这包括对传统礼仪文化的专业研究人员、传承人的培训，及培养相关从业人员，如文化活动策划、展览设计等专业人才。通过建设培训机制，不仅能够更好地传承传统礼仪文化的专业知识和技能，更能够为社会提供更广泛的传统礼仪文化服务。

通过加大力度保护传统礼仪文化，社会可以实现对这一宝贵文化资源的保护与传承。这一保护计划需要社会各界的共同努力，既要加强对非物质文化遗产的认识，又要制订全面科学的保护计划，同时通过展览、活动等形式进行传承及建立培训机制、培养专业人才，全方位推动传统礼仪文化的传承与发展。通过这一系列的努力，传统礼仪文化将在当代社会焕发新的生机，为社会的文化繁荣注入源源不断的力量。

二、社会文化氛围与倡导机制

社会文化氛围和倡导机制相辅相成，共同塑造社会的价值观和行为规范。社会文化氛围是社会共同的文化认知和情感氛围，反映了社会的核心价值观。通过媒体、教育等途径，社会文化氛围能够深刻影响个体的价值取向和行为习惯。

倡导机制通过组织、政府、企事业单位等力量，以各种形式推动社会文化氛围的形成和发展。倡导机制包括政策引导、活动组织、宣传教育等手段，通过这些手段引导社会成员形成积极向上的文化共识。

良好的社会文化氛围和有效的倡导机制相互激发，能够促进社会的发展和进步。一个积极向上的社会文化氛围有助于形成共同价值观，而有效的倡导机制则能够加强对这种价值观的传播和弘扬，从而推动社会向更加文明、和谐的方向发展。

（一）文化活动策划

1.传统文化节庆

文化活动策划是一项需要充分考虑传统文化特色、社会需求和参与者期望的任务。定期举办传统文化节庆活动是一种极具潜力的策略，通过庙会、庆典等方式拉近人们与传统礼仪的距离，为社会带来丰富多彩的文化体验。这样的文化活动旨在唤起人们对传统文化的热爱，促使人们更深入地了解、体验和传承传统礼仪，以及在社会中推动文化传统的传承与发展。

传统文化节庆活动的举办有助于营造浓厚的文化氛围。通过规模宏大、富有仪式感的庙会和庆典，能够吸引更多的人参与其中，使整个城市弥漫着浓厚的传统文化。人们在这样的活动中，不仅是观众，更是参与者和体验者，使传统文化真正成为生活的一部分。传统文化节庆活动的设计应注重创新和互动。在传统庆典中融入一些现代元素，如互动展览、数字科技体验等，能够引起更多年轻人的兴趣，使传统文化更具现代活力。通过互动的设计，人们不再只是旁观者，而是能够亲身参与到传统文化的传承中，增加了活动的趣味性和吸引力。传统文化节庆活动的策划需要充分考虑社会多元化的特点，通过融入不同地域、不同文化元素，形成更加综合、包容的文化盛宴。这样的设计不仅可以吸引更多不同群体的参与，也有助于促进不同文化间的交流与融合，可以邀请各地的艺术团体、手工艺人参与，展示不同地域传统文化的独特之处。在传统文化节庆活动的举办过程中，可以通过文艺演出、工艺展示、传统技艺体验等方式，向参与者展示传统礼仪的精髓。在庆典中组织传统戏曲表演、舞蹈演出等活动，通过视觉和听觉的感官体验，让人们更加深入地感受传统文化的魅力。同时，可以设置手工艺品展区，让居民亲自动手制作传统工艺品，感受传统礼仪的实际操作过程，增加亲身体验的机会。传统文化节庆活动还可以融入传统美食的展示与品鉴。通过举办传统美食节，将各地的传统美食呈现给居民，使他们在品味美食的同时，了解美食背后的文化故事。这样的设计既能满足人们的味蕾，又能够让人们更加全面地了解传统文化的多样性。在传统文化节庆活动中，可以设置专门的文化体验区域，提供传统礼仪的学习与体验机会；也可以设立传统服饰试穿区，让居民亲身体验古老服饰的华丽与雅致；还可以设置传统礼仪体验区，由专业人员引导居民学习传统礼仪的仪态与规矩，使他们更深入地了解传统礼仪文化的内涵。在活动策划中，可以充分利用社交媒体和新媒体平台，进行线上宣传和推广。通过在社交平台上发布传统文化节庆的相关信息、互动话题，吸引更多人参与讨论，形成线上线下相结合的宣传效果。这样的策略能够更好地将传统文化节庆的信息传递给更广泛的受众，扩大活动的影响力。活动策划中需要充分考虑活动可持续性发展，形成一种长期的文化传承机制。通过定期举办传统文化节庆活动，能够形成一种文化传承的习惯，让居民逐渐将传统礼仪文化融入日常生活。同时，可以建立相关的传统文化学习机构或培训项目，为居民提供更深入、系统的传统文化学习体验，形成一种持续性的文化传承机制。

综上所述，传统文化节庆活动的策划需要综合考虑文化特色、社会需求和参与者期望，通过创新设计、社交媒体宣传等手段，使活动更具吸引力和影响力。

2. 主题展览

文化活动的策划是一项既有挑战性又有创造性的任务，而主题展览作为一种深入挖掘传统礼仪文化内涵的方式，旨在吸引广大公众积极参与，展示传统礼仪文化的丰富魅力。通过精心设计展览，可以使参与者更深入地了解传统礼仪的深厚底蕴，激发他们对传统文化的兴趣，从而推动文化传承与创新。

主题展览的策划需要深入挖掘传统礼仪的内涵。传统礼仪是一种深刻而复杂的文化体系，包括丰富的道德观念、行为规范、仪式习俗等多个方面。在策划主题展览时，应该对这些方面进行深入研究，挖掘其背后蕴含的哲学思想、历史渊源等方面的知识，以便更好地展示传统礼仪的深厚内涵。展览的布局和设计要有层次感。通过巧妙的布局和设计，可以使参观者在展览中有一个系统、有序的了解传统礼仪文化的过程。可以将展览分为不同的主题区域，涵盖不同方面的传统礼仪，如婚礼仪式、宴会礼仪、节庆仪式等。每个区域都可以通过实物展示、多媒体互动等形式，使参观者融入其中，感受传统礼仪的细腻独特之处。同时，策划主题展览需要考虑观众的多样性。在展览的设计中，要考虑到不同年龄层、文化背景、兴趣爱好的观众，以确保展览能够吸引群众广泛地参与。可以通过多样的展示形式、互动环节等来满足不同观众的需求，使他们在参与展览的过程中找到共鸣点，增强对传统礼仪文化的认同感。与传统礼仪相关的艺术元素也是主题展览中不可忽视的部分。可以考虑邀请艺术家进行现场创作，或者展示与传统礼仪相关的传统艺术品，如绘画、雕塑、书法等。这样的艺术元素不仅能够为展览增色，更能够通过艺术的表达方式深化观众对传统礼仪的理解。主题展览的成功也离不开与公众的互动。可以设置一些互动环节，如传统礼仪体验区、手工制作坊等，使观众能够亲身参与其中，增强他们的参与感。通过这样的互动，观众可以更深入地了解传统礼仪的实际应用，使他们在体验过程中对传统礼仪文化有更为直观的感受。

策划传统礼仪主题展览需要深入挖掘文化内涵，巧妙布局和设计展览，考虑观众的多元需求，注重艺术元素的呈现，并通过互动环节增强与观众的互动。通过这样的精心策划，主题展览可以成为一个传播传统礼仪文化、激发公众兴趣的重要平台，推动文化传承与创新，为社会公众提供丰富而有意义的文化体验。

（二）社交媒体引导

1. 微博、微信平台

社交媒体的引导在传播速度和覆盖范围上具有独特优势。微博、微信等社交媒体平台拥有庞大的用户群体，其特点是信息传播速度快，能够实现即时分享。通过开设传统礼仪文化宣传账号，可以迅速将传统礼仪知识传播给广大用户，提高社会公众对传统礼仪的关注度和了解程度。这种高效的传播方式有助于迅速形成社会共识，推动传统礼仪文化在社交媒体上的广泛传播。社交媒体的引导通过多样化的内容形式吸引不同群体的关注。在传统礼仪文化宣传账号上，可以通过短视频、图文等形式生动地展示传统礼仪的实际操作和应用场景，使传统礼仪知识更加形象、直观。不同形式的内容可以满足不同用户的学习习惯和需求，吸引更多人关注和学习传统礼仪文化。同时，社交媒体的引导还可以通过互动性促进用户的参与和反馈。在传统礼仪文化宣传账号上，可以设立问答互动、话题讨论等环节，让用户在学习传统礼仪的过程中能够提出问题、交流经验。这种互动性有助于形成用户社区，增强用户的参与感和学习体验，促进传统礼仪文化的深度传播。社交媒体的引导还可以通过定期举办线上活动，如传统礼仪知识竞赛、在线讲座等活动，进一步提升用户对传统礼仪的认知和学习兴趣。通过活动的组织，可以促进用户之间的互动，形成学习氛围，推动传统礼仪文化在社交媒体平台上的深度推广。

社交媒体的引导是传统礼仪文化传承和普及的有效途径。通过在微博、微信等社交媒体平台上开设传统礼仪文化宣传账号，通过多样化的内容形式、互动性及定期活动等方式，可以迅速而广泛地传播传统礼仪知识，引导社会公众更加注重和尊重传统礼仪文化。这种引导方式符合现代社会信息传播的特点，有助于激发公众对传统文化的兴趣，推动传统礼仪文化在当代社会的传承和发展。

2. 在线互动活动

社交媒体引导在传统礼仪文化的学习和传播中扮演着重要的角色，其中在线互动活动是一种有效的手段。通过社交媒体组织在线互动活动，可以促使更多人参与传统礼仪文化的学习和传播，实现文化传承的互动性和社会性。

通过社交媒体组织在线互动活动可以拓展传统礼仪文化的传播渠道。随着社交媒体的兴起，信息传播变得更加迅速、广泛。通过在社交媒体上组织在线互动活动，可以将传统礼仪文化的知识以更生动、直观的方式呈现给大众。参与者可以通过观看、参与讨论等方式，更好地学习和理解传统礼仪文化，形成更加深刻的印象。这种社交媒体的传播方式可以跨越地域、年龄、职业等限制，使更多人有机会了解和感受传统礼仪文化。年轻人对社交媒体的使用非常普遍，通过在这些平台上组织在线互动活动，可以更好地吸引年青一代的关注。活动内容可以结合年轻人的兴趣点，以富有创意的形式呈现传统礼仪文化，使其更具吸引力。通过在线互动，年轻人可以参与讨论、互相提问，形成自己的观点，从而更加积极地参与传统礼仪文化的学习和传播。同时，社交媒体引导的在线互动活动能够建立一个互动性强、参与度高的社群。通过社交媒体平台组织在线互动活动，可以促使参与者之间形成更为紧密的联系，共同探讨传统礼仪文化的话题。社群成员可以分享各自的体验、学习心得，形成一种良好的互动氛围。这样的社群不仅可以在活动期间进行使用，还可以长期存在，成为传统礼仪文化学习和传播的一个稳定平台，实现更为长远的社群建设。社交媒体引导的在线互动活动也能够促进传统礼仪文化的创新和发展。通过在线平台，可以更方便地汇聚各方的意见和建议，推动传统礼仪文化的创新。参与者可以在互动中提出新的观点、创意和解读，使传统礼仪文化在互动中得到不断的更新和拓展。这种互动过程有助于传统礼仪文化与当代社会相结合，更好地适应现代人的生活方式和价值观。

　　通过社交媒体引导的在线互动活动，可以拓展传统礼仪文化的传播渠道，拉近传统文化与年青一代的距离，建立互动性强的社群，促进传统礼仪文化的创新和发展。

参考文献

[1] 李林柱，李旭智 . 中国传统村落瓦岭村礼仪文化探析 [J]. 中华民居，2023（5）：41-48.

[2] 萧放 . 以优秀传统礼仪重塑当代中国文明 [J]. 艺术与民俗，2023（3）：57-62，85.

[3] 李明佳 . 中国传统茶礼仪的文化精髓及当代传承 [J]. 中国民族博览，2023（12）：123-125.

[4] 孙冬玲 . 中国传统礼仪文化的现代实用性研究初探 [J]. 汉江师范学院学报，2023，43（3）：135-139.

[5] 宋宁宁 . 中国传统礼仪文化的教育内涵与当代价值：评《中国古代礼仪文明》[J]. 中国教育学刊，2023（6）：111.

[6] 杜云锋 . 中国优秀传统礼仪文化的传承现状与路径研究 [J]. 作家天地，2023（15）：38-40.

[7] 刘燕 . 要把中国传统宴请文化中的酒文化有机融入礼仪课程 [J]. 中国酒，2023（3）：76-79.

[8] 李希 . 基于《儒林外史》礼仪和饮食文化英译的情感倾向研究 [J]. 文教资料，2022（21）：13-16.

[9] 邱硕 . 中国传统礼仪文化对高职空乘专业学生的教学作用与实施途径 [J]. 才智，2022（34）：151-154.

[10] 王娟 . 中国传统礼仪文化在动画创作中的应用研究 [J]. 美术文献，2022（10）：137-139.

[11] 邓越丰 . 加强高职学生礼仪教育的重要性及措施刍探 [J]. 成才之路，2022（19）：29-32.

[12] 许昶 . 小学传统文化教育的 "礼乐" 路径 [J]. 教育实践与研究（A），2022（6）：57-60.

[13] 汤勤福 . 中华礼制变迁史 [M]. 北京：中华书局，2022.

[14] 崔素文 . 礼仪教育在大学生德育中的作用研究 [J]. 文化月刊，2022（5）：171-173.

[15] 萧放 . 传统礼仪文化与当代中国礼仪实践 [J]. 月读，2022（4）：44-49.

[16] 黄程 . 中国传统武术礼仪在高校武术教学中的传承 [J]. 当代体育科技，2022，12（9）：125-127.

[17] 权丽竹，权立枝 . 中国传统礼仪文化对当代大学生的影响探析 [J]. 文化创新比较研究，2021，5（15）：17-20.